「育ちのいい人」が使っている

添えるだけの1行文

井垣利英

JN082568

PHP

◆はじめに――言葉は相手に贈るギフト

相手に伝えたいことは、EメールやSNSなどのやりとりで、ほとんど伝えられるようになりました。そんな中、「手書き文字の手紙」はますます特別感のある、相手の心に深い印象を残すものとなっています。

でも、「相手にどう思われるかな?」と気にすると、ついつい筆無精になってしまいますね。せっかく書いた手紙で「育ちの悪い人だ」なんて思われたくありませんから、当然です。

この本でまずお伝えしたいのは「好印象をもたれる手紙を書くのは、そんなに大変ではない」ということ。本文中やコラムでも書き方についていろいろお伝えしていますが、基本的には次の二つのことを意識して書けば大丈夫です。

ひとつは、相手の「心が温かく」なるような明るく楽しい、前向きな言葉を選ぶこと。暗くて重い、ネガティブな言葉は書きません。

〝言葉は相手のために贈るギフト〟です。お互いの気持ちがワクワクするポジティブな言葉だけで書いてみてください。

もうひとつは、素直でわかりやすい言葉を使うこと。手紙だからといって格式ばらなくていいし、飾ることもありません。「普段づかいの言葉のほうが、思いは伝わる」のです。「育ちがいい人」の手紙とは、つまり「相手のことを思いやり、幸せな気持ちにする言葉」が書かれているもの。そんな言葉をたった一言入れるだけでも、読む人が笑顔になるような手紙になります。

この本では第一章から第八章まで、いろいろなシーンで実際に使える文例や言葉をたくさん紹介しています。そのまま引用したり、自分の言葉に書き換えて使っていただけたらうれしいです。

手紙は、ワクワクする特別なコミュニケーションの世界です。あなたの思いを相手に届け、あなたの個性を自由に表現し、さらにあなたの人間性や感性を磨き上げる「力」をもっています。

まずは、心を込めて手紙やハガキを書いて、ポストに投函してみましょう。あなたの魅力は、自分が思っている以上に、手紙を通して相手に伝わります。

「育ちの良さ」がにじみ出る便利グッズ

手紙の封を開けた瞬間、受け取った方が「ステキ」「うれしい」と喜んでくれる。そして自分自身も楽しくなって、手紙をどんどん書きたくなる――。そんな心強い便利グッズをご紹介。いずれも大手文具店やネット通販などで手に入ります。

万年筆

万年筆で書いた字には、味わいがあります。字に少しクセがあっても、自信がなくても、十分に自分らしい「いい味」を出せます。インクも、黒でないといけないという決まりはありません。自分色のインクを見つけましょう。

ガラスペン

ガラス製のつけペン。風鈴職人によって考案された日本発祥の筆記用具です。透き通っていて見た目が美しいうえに、書くときのカリカリという音も心地良く、手紙を書く時間が特別うれしくなるグッズです。

エンボッサー

紙に凹凸のある模様が浮き出るスタンプ。手持ちの便せんに押すだけで、世界にひとつだけのオリジナル便せんが完成。オシャレだし、特別感も加わります。印象に残りやすく、手紙が話題になることも。

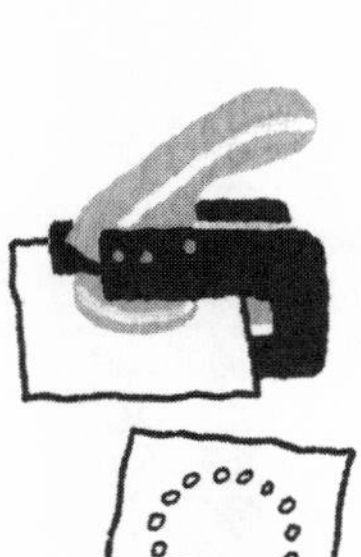

クラフトパンチ

多彩な絵柄を楽しめる、型抜きパンチです。ハートや星など小さな飾りの他、レース模様のものも。便せんがないときなど、コピー用紙の上下に模様を型抜きすれば、センスが光るオリジナル便せんのできあがりです。

封蝋《ふうろう》、シーリングスタンプ

ヨーロッパ映画でよく見かける、手紙に封をするための蝋。紋章のようなシンボルマークで、遊び心いっぱいの手紙に変身します。これがあるだけで手紙が上品になります。

文香《ふみこう》

天然のお香を和紙で包んだ小さな匂い袋。手紙と一緒に封筒に入れて送ります。春は梅や桜、夏は朝顔、秋は菊といったように季節に合った柄の文香を忍ばせれば、四季と癒しを相手に届けることができます。

シール、マスキングテープ

封印代わりに貼るだけで、無地の封筒をたちまち華やかにしてくれます。たとえば花が好きな人には花柄のシールを貼るなど、「相手が好きなもの」を選ぶと喜ばれます。集めるのも楽しい。

「育ちのいい人」が使っている 添えるだけの1行文　目次

第二章 贈り物に添える言葉

第三章 お祝いの言葉

第四章 お見舞いの言葉

第五章 ご冥福を祈る言葉

第六章 謝りたいときの言葉

第七章 意見や気持ちを伝える言葉

第八章　その他――挨拶や感謝の言葉

第一章

春夏秋冬にふさわしい言葉

一月の言葉

◆福尽くしのおせち料理で、縁起の良い一年が始まりました。
◆お正月に栄養を蓄えて、寒くてもふっくら笑顔で過ごせています。
◆松の内の贅沢《ぜいたく》を味わったあとは、七草粥《ななくさがゆ》のやさしさが身にしみます。
◆「こたつでみかん」は冬の風物詩。心まで温かくなります。
◆寒さの中にも、ふくらんだ梅の花が新春を伝えています。
◆見慣れた風景も、雪化粧のおかげで見違えるほど素敵です。
◆新成人の振袖《ふりそで》を見かけ、日本の美しい色彩に元気づけられました。
◆澄んだ青空にあがる凧《たこ》を見て、子ども時代を思い出しました。

年の初めのめでたさを慶《よろこ》び、寒い中にも暖かい話題を

第一章では、季節にまつわる言葉の数々をご紹介します。「時候の挨拶」は、四季折々の趣を感じられる日本ならではのステキな習慣ですが、平凡なお決まりの表現は避けましょう。

たとえば「寒くてもふっくら笑顔で」「七草粥のやさしさ」というように、自分の感じたままを素直に、普段づかいの言葉で表現してみましょう。

一月はなんといっても新しい年の始まりです。「おめでたい気持ち」と「新しい年のワクワクする感じ」「お正月の楽しさ」などを盛り込んで文章を書くと、うれしさが伝わり喜ばれます。お正月にいただくお雑煮ひとつとっても、私の地元名古屋では、具材は餅と小松菜だけ。このように地域によって違うお雑煮の話を入れるだけでも、意外な発見があって楽しいものです。

また、寒さが厳しい季節ですが、寒いことをただ嘆くのではなく、「雪化粧で見慣れた風景も素敵になった」など、明るい話題にもっていきましょう。

二月の言葉

◆節分に、みんなの無病息災と家内安全を願って豆をまきました。

◆福豆を食べて、今年もお互いマメに元気に過ごしましょう。

◆昔の暦では立春のころがお正月！　今月もまたおめでたいですね。

◆鮮やかな椿の花の色が、春の訪れを教えてくれています。

◆【太宰府天満宮】※では梅の花が八分咲き。今週末が見ごろです。

◆駅ビルはバレンタインデー一色で、とても甘い気持ちになります。

◆立春を過ぎ、ショーウインドーにも明るい春物が並び始めました。

◆この冬最後かもしれない雪に、明るい春の兆しを感じています。

※【　　】の中に、あなたの地元の梅の名所を入れてみましょう。

その季節ならではの「彩り」を見つけましょう

手紙を書くときに、ぜひやっていただきたいのは、とにかく今の時季のステキなところを見つけること。よく冬は寒くてつらいし、春は春で花粉症と、どの季節にも悪口をいう人がいます。そうではなく、その時々の楽しさを見つけるのが、一月から十二月の言葉のテーマです。少し着眼点を変えるだけで、楽しいことはいくらでも見つかります。その楽しさを相手に届けることで、幸せな手紙になります。

ところで、私は節分の日には鬼を追い払うため、柊《ひいらぎ》の枝にイワシの頭を刺して飾ります。翌日の立春に飾るのは椿の花。ここで漢字に注目していただきたいのですが、柊の字は木偏に冬、椿は木偏に春と書きます。冬から春へ！「鮮やかな椿の花」は、まさに季節の変わり目をとらえた春の訪れの象徴です。そういう説明も合わせて手紙に書いたりすると、楽しさが増します。

梅の花の名所はどこの地域にもあります。あなたが住んでいる地域の梅のニュースを手紙につづることで、イキイキとした季節感が伝わります。

三月の言葉

◆ひな人形を飾り、生まれてきた命のありがたみを感じます。
◆ひな祭りの飾りつけをして、家がとても華やかになりました。
◆暑さ寒さも彼岸までというように、春の陽気が心地良い毎日です。
◆花びら色の春の日差しを感じ、暖かさに笑顔がこぼれます。
◆桜前線が北上するニュースと一緒に、気持ちも上がってきます。
◆ぼた餅とお彼岸団子を作り、春分の幸せを味わっています。
◆春一番が、待ちわびた季節が来たことを教えてくれました。
◆お花屋さんがパステルカラーに染まり、春の訪れを感じています。

春の訪れを「ひな祭り」「春一番」など春の言葉で表現

三月のメインイベントといえばひな祭り。女の子の節句ですが、季節を彩る華やかな行事です。手紙におひなさまの話題を載せることで、もらった人も「ひなあられ」や「ひな人形のポスター」などに目がとまる。そして「おひなさまの季節ね」とあらためて実感する。手紙はそんな日本文化の美しさも届けられます。

また、春といえば桜。古来、日本人にこれほど愛されている花はないといってもいいでしょう。三月初めのころはまだ固いつぼみでも、刻々とつぼみがふくらみ花が咲き始めます。そのようすを観察し、季節の便りとして伝えられたらステキですし、あなたの品の良さも倍増します。

春のお花屋さんは色とりどりの花で埋め尽くされます。「パステルカラーに染まる」と色彩を言葉にすることで、受け取った人が手紙を読んだときに、美しいパステルカラーのイメージがぱあっと広がります。一色のインクで書かれた手紙でも、言葉で美しく彩色できるのです。ときどきは、色を言葉にしてみましょう。

四月の言葉

◆春風の中、桜吹雪の美しさに、ときおり足をとめています。
◆ポカポカ陽気に誘われてお出かけしても、私は花より団子です。
◆お花見の三色団子を食べて、春の息吹を感じています。
◆色とりどりの花が輝く季節は、どこを歩いてもワクワクします。
◆満開も散り際も見事な桜に、日本の春の優雅さを感じます。
◆花まつりで甘茶をいただき、心身ともに洗われた気がしました。
◆葉桜の鮮やかな若葉に、みずみずしいパワーをもらっています。
◆出逢いの季節を迎え、あらためて素敵なご縁に感謝しています。

桜吹雪に花まつり。春爛漫《らんまん》！　花びら舞う季節に

江戸時代の人々は、桜の散り際の花吹雪や葉桜にも、美学を感じていたそうです。散る花を見ながら、酒坏《さかずき》に桜の花びらを浮かべて飲んでいたとか。

桜は満開のときだけでなく、散ったあとも美しい。雨上がりの水たまりに浮かぶ桜の花びらを美しいと感じるのも、日本人の感性だと思います。手紙に自分の感じとったままを、細やかに表現してみましょう。

また私にとっては、お花見といえば三色団子です。「それはね……」と思い出話をからめながら、春の息吹を描写するのも楽しいものです。

四月の年中行事としては、八日の花まつりがあります。お釈迦《しやか》様の誕生日です。仏教の歴史が根づいている日本ですから、クリスマス同様、こちらも大切にしたいもの。格式のあるお寺では、参拝のあとに甘茶が振る舞われたりします。せっかくですから参拝に行き、体験記を手紙に書くのも楽しいのではないでしょうか。

出逢いの季節でもあるので、「ご縁に感謝」という言葉が上品に響きます。

五月の言葉

◆晴れわたる空に、鯉のぼりが気持ち良さそうに泳いでいます。

◆立身出世の縁起かつぎで、部屋に鯉のぼりを飾ってみました。

◆家族の健康を願って、ちまきとかしわ餅をいただきました。

◆連休は、温泉に入って地球のエネルギーを吸収してきました。

◆ゴールデンウィークに家で充電したので、元気いっぱいです。

◆雨間《あまあい》の五月晴れが見事で、私の心も青天になりました。

◆長寿を願って、みんなで新茶を飲む時間を大切にしています。

◆可愛い日傘をお店で探すのが楽しい季節ですね。

鯉のぼりを飾り、風薫る五月の青空を楽しみましょう

五月五日は「こどもの日」。端午《たんご》の節句です。江戸の昔から男の子の節句として「鯉のぼり」を飾る風習がありますが、その鯉のぼりは立身出世のシンボル。

中国の故事に、こんな話があります。中国の黄河の中流に「竜門」と呼ばれる激流があるのですが、川を上ってきた魚の中で、竜門を上りきることができたのは鯉だけ。しかも上りきった鯉は竜になったというのです。「芥川賞は作家の登竜門」などという言い方をしますが、その言葉はこの話からきています。

大人も子どもも、男も女も関係ありません。端午の節句には、置き物でもいいので鯉のぼりを飾り、夢や願いを託して、ウキウキする気持ちを楽しみましょう。そして、そのことを手紙に書いて、楽しい気持ちを広げたいものです。

五月はゴールデンウィークもあり、新緑も美しく、ワクワクする季節です。そろそろ夏の訪れを感じさせる暑い日もあります。「可愛い日傘」といった言葉で、季節のうつろいをカラフルに伝えるのも、手紙を書く楽しみのひとつです。

六月の言葉

◆あずきが厄《やく》よけになるのを口実に和菓子をたくさん食べています。
◆茅《ち》の輪をくぐって、残り半年を元気に過ごしたいと思います。
◆雨のカーテンに、アジサイの花がうれしそうに咲いています。
◆梅雨の湿気のおかげで、お肌がうるおってツヤツヤです。
◆あっというまに半年が過ぎるのは、毎日充実している証拠ですね。
◆雨の日に咲いた色とりどりの傘が、心を晴れやかにしてくれます。
◆雨の合間の青空がうれしい季節です。今年は虹を見ましたか？
◆夏至を迎え、夏の夜のお祭りや花火大会に思いを馳《は》せています。

手紙の挨拶に「生憎《あいにく》の雨」はありません

ひとつ目の文例は、和菓子を食べて厄を払い健康招福を願う年中行事「嘉祥《かじょう》」に、二つ目は、半年分のケガレを落とす行事「夏越《なごし》の祓《はらえ》」にちなんだものです。

さて、俳人の夏井《なつい》いつきさんは「物の見方を百八十度変える俳句の力」というお話の中で、「俳人の世界ではよく『生憎という言葉はない』といわれます」とおっしゃっています。※「きょうは生憎の雨で桜を見ることができない」ではなく、俳人は「これで雨の桜の句を詠める」と考える。お月見に雨が降ったら「雨月を楽しむ」ととらえるそうです。

六月は梅雨の季節ですが、夏井いつきさんのお話にもあるように、雨のマイナス面には目を向けず、楽しいプラス面を見つける練習をしましょう。

この時季には、太陽が顔を出している時間が一番長い「夏至」を迎えます。

〝筆マメ生活〟の楽しいところは、季節を細やかにとらえられること。季節の移り変わりを、そのつど手紙に書く自分は、案外ステキだなと思えたりするのです。

※出典　『１日１話、読めば心が熱くなる365人の仕事の教科書』藤尾秀昭 監修（致知出版社）

七月の言葉

◆久しぶりに短冊《たんざく》に願いごとを書いて、七夕の笹に飾ってみます。

◆天の川をイメージして、そうめんで涼をとっています。

◆星の形に似た桔梗《ききょう》の花を、七夕にちなんで飾りました。

◆向日葵《ひまわり》のように上を向いて、明るい笑顔で過ごしましょう。

◆※【京都祇園祭《ぎおんまつり》】が始まり、本格的な夏の到来です。

◆冷やし中華の貼り紙を見かけるようになりました。夏本番ですね。

◆プールではしゃぐ子どもたちの声を聞くと、元気が湧いてきます。

◆ラジオ体操に向かう子どもたちに、夏の思い出がよみがえります。

※【　】の中には、あなたの地元の祭りを入れてみましょう。

七月は太陽がいっぱい！　星もキラキラ光る時季

七月の年中行事といえば「七夕」です。誰もが知っている「織姫と彦星」の物語にちなんで「天の川」と「そうめん」をかけ合わせたり、彦星の花とも呼ばれる桔梗の花を飾ったり、いろいろな角度から七夕の話題を手紙に書いてみましょう。きっと子どものころを思い出して、共感してもらえると思います。

夏といえば「冷やし中華」の季節でもあります。中華料理屋さんの店先に「冷やし中華、始めました」と貼り紙が出るのも夏の風物詩。食べ物ひとつで、リアルな季節感を表すことができます。

子どもたちがプールではしゃぐ声が聞こえてきたら、その情景を手紙に書いてみませんか？　夏ならではの解放感や太陽のまぶしさが伝わります。

また、全国各地で夏祭りが開催されます。地元の祭りを話題にすることで、楽しさや夏の熱気、みんなの興奮もイキイキと感じとれます。相手の方にもその気分が伝わり、元気をお届けできるハズです。

八月の言葉

◆お盆は、ほおずきや精霊馬《しょうりょううま》を飾って、家族で楽しく過ごしました。
◆お盆は亡き父の好物を食べ、家族と思い出話に花が咲きました。
◆常夏色の風を全身に受けて、海で元気いっぱいに過ごしています。
◆セミの合唱もメンバーが代わり、季節の小さな変化を感じますね。
◆線香花火の暖かい光に、幼いころの夏休みを思い出しました。
◆真夏の夜に聞こえ始めた虫の声が、涼風《すずかぜ》を運んでくれています。
◆お祭りのヨーヨーが色鮮やかで、思わず心も弾みますね。
◆花火大会に向かう美しい浴衣姿に、暑い夜も涼やかさを感じます。

熱く光る夏の情景を見つけてみましょう

熱気に満ちた夏というのは、とても短い。だからこそ、「夏の手紙」では、「夏の思い出」となる元気な話題をひとつでも送りたいものです。「常夏色の風を全身に受けて、海で元気いっぱいに過ごしています」などは、夏真っ盛りの情景。日常に太陽の輝きと海の青さを届ける便りです。

「線香花火」「お祭りのヨーヨー」「花火大会に向かう美しい浴衣姿」なども、読むだけで映像が浮かぶ夏の言葉ですね。

また、夏になると近所の公園や並木道でセミの合唱が始まります。ニイニイゼミに始まり、ヒグラシ、アブラゼミ、ミンミンゼミときて、夏の終わりにはツクツクボウシ。同じセミの合唱でも、声の主は代わっていることを伝える手紙に、読んだ方も、思わず「今鳴いているセミは」と耳をそばだてて楽しまれるでしょう。

八月はお盆の季節でもあります。亡くなった方への懐かしい思いを手紙に書けば、お互いにご先祖様に思いを馳せ、おだやかなひとときを過ごせます。

九月の言葉

◆夏の扉がそろそろ閉まり、秋風が心地良い季節にうつろいます。

◆澄んだ空気に輝く中秋の名月を見上げると、幸せを感じます。

◆月の光がまぶしいほど綺麗で、秋の夜長に心が洗われます。

◆キンモクセイの甘い香りが、風に乗って運ばれてきました。

◆夕焼けに赤とんぼを見つけ、思わず童謡を口ずさみました。

◆九月九日重陽《ちょうよう》の節句に、不老長寿を願って菊を飾ってみました。

◆涼風に揺れる薄紅色のコスモスに、秋の深まりを感じます。

◆店先に並ぶ秋刀魚《さんま》に、またひとつ「秋」を見つけました。

秋の景色や食べ物、自然の演出を楽しもう

九月になると、秋の気配が押し寄せてきます。残暑といいながらも、夜空は高く、月の光はまぶしくなり、窓を開ければ夜風に鈴虫の声が聞こえてくる……。秋は秋で、ステキな時間が流れていきます。

重陽の節句は「菊の節句」ともいわれます。菊は長寿を願う縁起物。「いつまでもお元気で」という願いを込めて、菊の花についての一文を添えましょう。

また、キンモクセイは、その独特な香りで秋の訪れを教えてくれます。姿は見えなくてもステキな甘い匂いで、オレンジ色の小さな花が近くに咲いていることを知らせています。手紙に「キンモクセイの香り」と書くだけで、相手の方もその匂いを感じられるほど、独特の存在感があります。

食欲の秋でもあります。秋の食材として、真っ先に浮かぶのは「秋の刀の魚」と書くさんまです。また、さつまいもを掘ったり、梨やぶどう狩りなどに出かけたり。秋は色とりどりの楽しみが待っています。

十月の言葉

◆星降る夜に、いつか見た無数の蛍《ほたる》が舞う光景を思い出します。
◆縁起かつぎで、十五夜と十三夜の両方のお月見を楽しみました。
◆十三夜「栗名月」は、栗ご飯を炊いて秋の味覚を楽しみました。
◆秋色の風の中、彩られる木々に包まれて季節を満喫しています。
◆秋晴れが気持ち良くて、くいしん坊の食欲が進んでいます。
◆真っ赤なもみじの景色に誘われて、遠出をしたくなりました。
◆ツヤツヤ輝く新米で、元気を蓄えて冬を迎えたいですね。
◆焼き芋のおいしそうな匂いに、食欲をそそられる毎日です。

秋の月夜の風情を味わう。新米もおいしい季節です

十月は、月の美しい夜が続きます。中秋の名月のあとの十三夜も、年中行事では欠かせない大事な催し。満月になる二日前の「あともう少しで……」というところに美しさを感じるのは、日本人の繊細な美意識なのでしょう。

もともとは十五夜（中秋の名月）と十三夜の両方を愛でてこその「お月見」の行事。どちらもちゃんと行うことで、古来「縁起がいい」とされています。

雨だったら？　大丈夫です。雨なら雨で「雨月」を愛でましょう。雨雲のはるか上空に、美しい月が輝いていることを想像しながら。

そして、そのことを手紙に書いて送り、相手の方に共感してもらうことで、お月見の行事は何倍も楽しくなるのです。

十月には紅葉も始まり、スーパーには新米がズラリと並びます。豊かな収穫のときを迎えて、喜びもひとしお。「ツヤツヤ輝く新米」の感動的なおいしさはこの時季だけのもの。大地の恵みへの感想を書き送りたいものです。

十一月の言葉

◆七五三の晴れ着姿を見かけると、自然に笑顔がこぼれます。

◆千歳飴《ちとせあめ》やお赤飯で、成長を祝ってもらった当時を思い出します。

◆寒空の下、一口飲んだお茶の温かさで、心までとけるようです。

◆焚火《たきび》のパチパチはぜる音や炎のダンスが、恋しい季節です。

◆これから冬眠する動物たちのように、冬の味覚を満喫しています。

◆街にイルミネーションが灯り、心もパッと明るくなります。

◆色とりどりの落ち葉が絨毯《じゅうたん》のようで、道を歩くのも楽しいですね。

◆日ごとに寒くなり、ストーブの暖かさにホッとしますね。

澄んだ冬が始まります。冬支度《じたく》をしましょう

　この時季の寺社では、晴れ着を着たお子さんと親御さんが参拝している姿をよく見かけます。「自分もああやって七五三を祝ってもらって、大きくなってきたんだな」と思うと、感慨深いものがあります。七五三は命の大切さを確認し、健やかな成長と長寿を願う年中行事です。手紙にその話題を載せることで、自分や相手の方が今、生きていることのありがたさを思い、祝ってみてはいかがでしょう。

　紅葉の季節でもあります。もちろん木々の紅葉もうっとりしますが、地面に積もったモミジやイチョウなどの、赤や黄色やオレンジ色の落ち葉もまた美しいものです。あなたが目を向ければ、美しさは、いたるところに見つかります。

「ストーブの暖かさにホッとする」という言葉。エアコンでもヒーターでもなく「ストーブ」という言葉をあえて選んだのは、この言葉の向こうに見えてくる情景があるからです。その風景の中で、印象に残る美しいものを見つけて手紙に書くと文学的です。

十二月の言葉

◆霜が降りた窓ガラスに、冬ならではの美しさを感じています。

◆クリスマスの飾りつけで、幸せなムードに包まれています。

◆粉雪が舞う木立の中、息の白さも絵になる冬は素敵ですね。

◆十二月十三日の正月事始めで、早々にお正月の準備を始めました。

◆冬至には、ゆず湯に入って厄払いをしようと思います。

◆年末は「ん」のつく食べ物で、たっぷり運をつけるつもりです。

◆師走の街は、寒さの中にも活気を感じて楽しくなりますね。

◆ひんやりと冴えわたる夜空を見ていると、心が洗われます。

十二月は年越しの楽しさと新年への期待がいっぱい！

「霜が降りた窓ガラス」「粉雪が舞う木立の中、息の白さも絵になる冬」「ひんやりと冴えわたる夜空」……。寒い冬には冬独特の澄んだ空気と美しさがあります。その美しさを切り取って、手紙に書きましょう。

また「ん」のつく食べ物とは、冬至の日に飾る「運《うん》盛《も》り」の食材のこと。みかん、人参、レンコンなど、末尾に「ん」のつく食べ物を集めて飾ると「運」を招くといわれます。この文例は、その「運」を食べて「運」をつけようというシャレたお話です。説明もあわせて書くと、マメ知識つきの楽しい手紙になります。

「師走」という言葉は、年末の活気や、新しい年へのワクワク感も伝わる言葉です。気持ちに一体感が出るので、ぜひ使いたいもの。

ここまでにご紹介した十二カ月の言葉を通して読むと、楽しいことばかりが並んでいます。どの月も待ち遠しい！「いいな」と思ったら、さっそく手紙を書いてみてください。楽しさと温かさと幸せを、ペンを使って誰かに届けましょう。

手紙は人生をひらき、縁を結ぶ秘宝

手紙は、大切な人との縁を結んでくれる力があります。

たとえば口ベタな人は、会話だと、いいたいことがなかなか言葉にできないのでは!? でも手紙やハガキなら、自分が思っていることや、「こんなことがあった」と話したいことを、伝えられるでしょう。

手紙によって相手はあなたの考えや人柄を知ることができます。そこからいい関係が芽生えたりするもの。まずは自分を知ってもらうために、手紙を書きましょう。知ってもらうことから人間関係が始まるのです。

手紙にはこんな力もあります。私が開催している自分磨きスクールでは、「お母さんに感謝の手紙を書く」という宿題を出したりします。ある生徒さんは、母親との関係がギクシャクして、ずっと長い間音信が途絶えていました。でも、宿題で素直に「育ててくれたことへの感謝の気持ち」を手紙につづりました。するとすぐにお母さんから、泣きながら電話がかかってきて、二人で泣いたそうです。お互いを

Column

隔てていた壁が消えました。手紙には人の心をとかす力があるのです。

また、私は20代のころから、手紙で自分の人生を切りひらいてきました。

就職したいと思う会社の社長に仕事への熱意を書いた手紙を送り、募集をしていないのに採用されたり、ビジネス界の大物といわれる方々とも、出逢いをきっかけに手紙を書いて以来、親しくさせていただくようになりました。

銀幕の大女優、Aさんとご縁ができたのも、手紙を書いたのがきっかけです。日本経済新聞の「私の履歴書」の記事を読んだことから、彼女の映画を見てファンになり、「作品、美貌、プロ意識への感動」を書き送りました。

その手紙を読んで、大女優のAさんが直接会社にお電話をくださったのです。

手紙で相手と良い関係をつくるために大切なのは、かける時間と「情熱」だと思います。こびることなく、素直に自分の思いと、「感動や気づきを与えてくれた相手への感謝の気持ち」を伝えてみましょう。そこから人とのご縁が生まれ、人生がひらけていったりします。それは、あなたにも起こることです。

心が動いたときには、すぐに手紙を書くのがいいと、私は思っています。

第二章

贈り物に添える言葉

お中元に添える言葉

◆星に願いを！　きらめく天の川に見立てて、そうめんを贈ります。
◆今年もセミが「ビール、ビール」と鳴く季節になりました。
◆古来邪気を払って病を防ぐといわれる、縁起物の桃を贈ります。
◆太陽と遊んだあとは大玉すいかで〝夏バテ防止〟をしてください。
◆梅雨明けのさわやかな空気をフルーツと一緒に味わってくださいね。
◆暑い日に涼しいひとときを感じていただきたく水菓子を贈ります。
◆今年も恒例の果物をお贈りできることに、喜びを感じています。
◆夏の風物詩を楽しみ、思い出深い時間をお過ごしください。

事前に「送り状」のハガキを出すのがマナーです

お中元・お歳暮を贈るときは、相手の方に品物が届く一週間ぐらい前に「送り状」が着くよう、ハガキを出しましょう。送り状には、お世話になっている感謝の気持ちはもちろん、「その品物を選んだ理由」を書くことが大切です。それを伝えることで、「心のこもった贈り物」の価値が高まります。

親しい人なら、たとえば「今年もセミが『ビール、ビール』と鳴く」など、ユーモアを交えた一文も楽しいもの。

参考までに、私が実際に出している送り状の文面をご紹介しておきましょう。

「雨後の新緑が美しい時季になってまいりました。日ごろの感謝の気持ちを込めて、私の地元、名古屋のえびせんべいの名店『桂新堂《けいしんどう》』から、縁起物づくしの海老せんべいを贈らせていただきます。縁起物に皆様の無病息災、商売繁盛の思いを託しました。夏本番もお元気に過ごされますように、お祈りいたしております」

ハガキの差出日は「〇〇年七月吉日」と表記すると縁起が良いです。

お歳暮に添える言葉

◆別便で○○をお贈りしました。あなたに出逢えたお礼です。
◆古来祭事にゆかりある日本酒で、清らかな年をお迎えください。
◆言葉で語りきれない感謝の気持ちを○○にのせて贈ります。
◆新年も「よろこぶ」ことがありますように、昆布を贈ります。
◆いつまでも「マメに」健康に過ごせるように、黒豆を贈ります。
◆日の出に似た、おめでたいかまぼこで新年の慶びを贈ります。
◆太く長いご縁に感謝して、うどんをお贈りします。
◆年末年始は、ゆっくりと〝心の休日〟をお過ごしください。

品物に込めた思いをきちんと相手に伝えましょう

次にご紹介するのは、私が実際にお歳暮で送った「送り状」の文面です。仕事関係の人に宛てたもので、少しかしこまっていますが、縁起物に託した思いをていねいに説明しています。書き方の参考にしていただければうれしいです。

「本年なにかとご高配にあずかりまして、ありがたくお礼申し上げます。日ごろの感謝の気持ちを込めて、別便にて和歌山の『鈴木農園』から、『昔ながらのみかん』をお贈りいたします。お届けは十二月一日の予定です。日本古来、冬至に『ん』のつく食べ物を食べると縁起が良いとされています。また、柑橘類の『きつ』は『吉』につながる縁起物です。健康で幸多い新年を迎えられますよう、お祈りいたしております。　○○年十一月吉日」

お歳暮は、今年もお世話になった感謝の気持ちを表すもの。十二月一日から二十日ごろまでに届くように贈りましょう。なお、最近お世話になったお礼がしたい場合は、お中元やお歳暮でなく、シンプルに「お礼」として贈りましょう。

母の日、父の日の贈り物に添える言葉

◆私をこの世に送り出してくれて、ありがとうございます。

◆お母さん（お父さん）の子どもとして生まれて、私は幸せです。

◆お母さん（お父さん）の顔を思い浮かべると、力が湧いてきます。

◆一緒に過ごした大切な時間は、私の心の中で今も生きています。

◆今日だけでなく、一年中、少しずつ恩返しをしていきます。

◆帰省が一番のプレゼントだと思うので、週末に帰ります。

◆いつでも帰れる家があるのは、幸せなことだと心から思います。

◆帰省したとき親子で一緒に飲めるように、お酒を送ります。

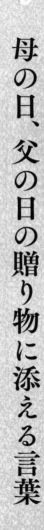

心を込めて感謝の気持ちを伝えましょう

母の日や父の日こそ、お母さんやお父さんに向けて、「生んでくれて、ありがとう」「この世に送り出してくれて、ありがとう」と、感謝の気持ちを「言葉」にして伝えましょう。感謝の言葉はまわりくどいうよりも、シンプルなほうが伝わり、心に響きます。

私は、感謝の思いをぜひ手紙に書くようオススメしていますが、「いつも顔を合わせているから、あらたまって手紙を書くのは照れくさい」ということなら、品物を渡すときに、感謝の一言を書いたカードを添えてもいいでしょう。遠くに住んでいる親御さんには、手紙にありがとうの気持ちを書いて送ってください。

「最後の晩餐で食べたいのは、お母さんの作ったおいなりさんです」「お父さん、いつも遅くまで働いて、私を育ててくれてありがとう」「キャンプに行ったとき盛大に燃やした焚火《たきび》は楽しかったね。今でもときどき思い出します」など、心に浮かんだ楽しいことを、そのまま素直に言葉にすれば、温かい手紙になります。

クリスマスカードの言葉

◆サンタクロースさん、おつかれさま。家族に笑顔をありがとう。

◆あなたのおかげで、サンタクロースを信じていたころに戻れます。

◆目を閉じるとまぶたに映る、キラキラした幸せをありがとう☆

◆クリスマスなので、思いっきりロマンチックに○○を贈ります。

◆イルミネーションの中を、今度は一緒に歩こうね。

◆これからもずっと一緒に、クリスマスを楽しみたいです。

◆街中のポインセチアに負けない、笑顔のクリスマスを過ごそうね。

◆雪の花咲くホワイトクリスマスを、今年も楽しみましょう。

キラキラした、夢のあるハッピーな言葉を！

日本のクリスマスは、いってみれば現実の生活にファンタジーが入り込んでくる特別な日です。サンタクロースはいないと思っていても、サンタクロースが登場するCMにドキドキ&ワクワクしませんか？

ですから、クリスマスカードには、夢があってキラキラした、明るいイメージの言葉を選びたいもの。サンタさんに扮してプレゼントを子どもに届ける夫には、「ありがとう」の感謝の言葉を。恋人には、「これからもずっと一緒にいたい」と愛を伝える言葉を。

「街中のポインセチア」「イルミネーション」「ホワイトクリスマス」などの言葉も、クリスマスのロマンチックな気分を盛り上げてくれます。

また、クリスマスカードはちょうど一年の締めくくりの時季に出すもの。「お世話になったことへのありがとうの気持ち」と「新しい年の幸せを願う気持ち」なども メッセージとして送りましょう。

バレンタインチョコに添える言葉

◆世界で一番美しい言葉——あなたが好きです。
◆あなたと同じ時代を生きることができて、本当にうれしい。
◆会いたい気持ちをチョコレートにのせて贈ります。
◆好きという字は女の子と書くから。今日は女の子らしく！
◆私は、本命しか贈らないの。
◆来年はどんなチョコレートが好きか、直接教えてね。
◆お仕事ぶり、尊敬しています。たまにはチョコで一息ついて。
◆甘いもので癒されてください。私の自慢のあなたへ。

甘いチョコに重い言葉は禁物。ふんわり軽く！

バレンタインデーにチョコレートを贈る習慣は、日本では恒例行事としてすっかり定着しています。「女性のほうから気持ちを伝える日」といわれますが、ドキドキしながらチョコを渡した学生のころとは違い、大人になった今は、「相手の喜ぶ顔が見たいから」と明るく軽く贈りたいものです。

チョコに添える言葉は「ＨＡＰＰＹ　ＶＡＬＥＮＴＩＮＥ！」の一言でも十分ですが、できればさわやかに思いを伝える言葉を添えましょう。

注意したいのは、チョコに寄せてお誘いの言葉を書かないこと。「おいしいフレンチのお店を見つけたので、一緒に行きたいです」などと書いては、相手の負担になりかねません。「見返りを求めない」「気持ちを相手に押しつけない」ことを心がけて。思いは「重い」より、ふんわり軽く♪

ちなみに「私は、本命しか贈らないの」の言葉を本気ととるか、ジョークととるかは相手次第。気持ちの押しつけではなく、ユーモアを入れて。

お土産、お礼の品に添える言葉

◆日本の良さを再発見し、心が洗われた旅の思い出です。

◆電波も通じない、初めて行ったどこか懐かしい街の香りを届けます。

◆旅先で、あなたの好きな○○を見つけたので贈ります。

◆旅先の風や美しい景色を感じていただけたらと、○○を贈ります。

◆お仕事の合間に旅の夢気分を味わっていただけたらうれしいです。

◆お元気でいてほしい願いを込めて、おめでたいお菓子を贈ります。

◆言葉では言い尽くせない感謝の気持ちを、贈り物にかえて。

◆先日話題にのぼった○○を、お世話になったお礼に贈ります。

お土産もお礼の品もホットなタイミングで！

50ページの前半はお土産に、後半の三行はお礼の品に添える言葉です。

まず、お土産やお礼の品を選ぶポイントをご紹介しましょう。それは、「相手の好みを考えて選ぶ」ということです。

「あの人は黄色が好きだから」とか「きっとこういう可愛いものは喜んでくれそう」など、相手の笑顔を思い浮かべながら選びましょう。

そのうえで、品物をすぐに手渡しできない場合は、添え状とともに配送します。

お土産もそうですが、特にお礼については、タイミングを外さないことが大切です。お礼状のマナーは「お世話になって三日以内に出す」というもの。

お土産も、お礼の品も、お互いに気持ちがホヤホヤのうちに、記憶が新鮮なうちに送るのが、一番喜んでもらえるコツなのです。

送るときには、一筆せん※やカードで、「その品物を選んだ理由」「自分の思い」について、一言を添えると喜ばれます。

※一筆せんは、複数枚書くなど便せん代わりには使わず、あくまで「一言」だけを書きます。

美文字でなくていい！　個性が光る味のある字を目指す

「字がヘタだから手紙は書きません」という人がいますが、それは本当にもったいない話です。

本来、字には上手もヘタもありません。字には、世界で唯一のその人の魅力と個性が表れているのです。

たとえば、私が三十二歳で自分磨きスクールを運営する会社を起業したばかりのころ、社員研修を担当した会社の方に、「研修の先生にしては字がお上手ではないので、ペン習字を習われたらどうでしょう」とわざわざ電話をいただいて、いわれたことがあります。

私がそれでヘコんだかというと、そうではありません（笑）。というのも、私は大学時代にペン習字を習ったことがあるのですが、お手本のきれいな字をなぞるたびに、「型にはまって苦しくて、私らしくないなあ」と思っていました。そして、結局途中でやめたのです。

Column

そんなこともあって、私はずっと自由でのびのびした「自分らしい字」を書くことにこだわっています。

ちなみに私は、昔も今も手紙やハガキをたくさん出していますが、「字に勢いがあり、元気がもらえます」「堂々とした大きな字ですね！」とか、さらには「わかりやすいですね」など、いろいろな人からいわれます。

私が目指しているのは「きれいな字」ではなく、たとえば『にんげんだもの』で知られる、詩人で書家の相田みつをさんのような「味のある字」です。

「うまい」とか「ヘタ」だとかを超越して、あなたらしい文字を書きましょう。

心を込めて、ていねいに書くことが重要！　あなたの顔が浮かんで、「可愛らしい個性が出ていて、楽しいなあ」となるのです。

大事なのは、字のうまいヘタではなく、「どんな思いを相手に伝えたいか」です。

手書きの文字は、あなたそのもの。ぜひ、自分の個性に磨きをかけて、「味のある字」で手紙を書いてください。あなたは、あなたのままで、十分魅力があるのだから。自信をもって!!

第三章

お祝いの言葉

誕生日を祝う言葉

◆今日はあなたが生まれてきてくれた、うれしい記念日です。
◆世界でたったひとりのステキな人が生まれた最高の日です。
◆今日、あなたが生まれてくれたおかげで、今の私があります。
◆すごく可愛い方だな、といつも思っています。おめでとう！
◆誕生日ぐらい、赤ちゃんのようにゆっくり休んでくださいね。
◆あなたの人生の大長編物語が、この日から始まったんですね。
◆いつも笑顔のプレゼントをもらっているので、今日はお返しです。
◆あなたの特別な日に一緒にいられる、感謝の気持ちを贈ります。

普段は面と向かっていえない、ほめ言葉をプレゼント

誕生日には、「あなたと出逢えて良かった」という感謝の気持ちを伝えましょう。また「普段感じているその人のステキなところ」「本人は気づいていない長所」などを言葉にして伝えるチャンスです。いつもは、なかなか面と向かってはいえなくても、誕生日のメッセージとしてなら、素直にいえるものです。

たとえば「あなたのやさしいところが、大好きです」などのほめ言葉は、贈られた相手にとっては、とてもうれしい言葉のプレゼントになるでしょう。

その場合、LINEやEメールではなく、手紙やハガキ、バースデーカードなど、形として残るものに書いて、送っていただきたいです。あとになって読み返すことができるように。

手書きの文字は、心の温かさがそのまま伝わります。そして、「便せんやハガキ、カード」は、選んだり送ったりする手間ひまや、メッセージを書く時間などを贈るということなのです。だからこそ、価値あるステキなプレゼントなのです。

結婚を祝う言葉

◆結婚は独身時代の最高の親孝行といいます　末永くお幸せに
◆二人で創る幸せの年輪が始まります　おめでとう
◆「世界一愛してくれる人」と出逢えたお二人の幸運に乾杯！
◆結婚とは故郷がもうひとつ増えること　ステキなご縁ですね
◆夢をかなえるには　ひとりよりふたり　良いご縁に感謝ですね
◆最高の喜びをともにできる　運命の人と出逢えて良かったね
◆ここがスタートライン！　お二人で素敵な家庭を築いてね
◆お二人の人生がひとつになった新しい道に　幸せが訪れますように

※正式には、「終わり」や「区切り」を意味する句読点は、結婚祝いには使用しません。

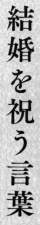

最高に幸せな言葉を！　ただし「避けたい言葉」に注意！

結婚には、さまざまな人生ドラマがつきものです。過去よりも、輝く未来だけを見て、新しい人生をスタートさせる二人のために、思いっきりポジティブで幸せいっぱいの言葉を選びましょう。「末永くお幸せに」「世界一愛してくれる人と出逢えた幸運」「良いご縁に感謝」「素敵な家庭を築いてね」など、いつまでも色褪《あ》せない言葉を贈りたいものです。

ただし、結婚を祝うときに「避けたい言葉」があります。

「別れる」「切れる」「分ける」といった「別離」や、「重ねがさね」「ますます」といった「重なる」（結婚が二重になる）を連想させる言葉。

手紙やお祝いのカードを書いたあと、必ず見直して、そんな言葉を使っていないかチェックしましょう。

マメ知識ですが、祝儀袋の水引きは「結び切り（固結び）」を選ぶこと。またお札は縁起の良い奇数の枚数にして、「新札」を用意します。

出産を祝う言葉

◆世界一の宝物ができましたね。おめでとう。

◆ママになったあなたは、幸せがあふれています。

◆子育ての初心者を、めいっぱい楽しんでくださいね。

◆守るべきものが生まれると、人は強く美しくなりますね。

◆あなたの素敵な笑顔をたっぷり赤ちゃんに注いであげてね。

◆かけがえのない幸せな瞬間を、家族でたくさん味わってね。

◆安産とお聞きしましたが、お体を十分いたわってくださいね。

◆親戚がまた増えて、にぎやかな新年会が今から楽しみです。

新しい一歩を踏み出す親子に、お祝いとエールを

入園、入学は、子どもたちが「新しい人間関係を育み」「社会生活を送るために」一歩を踏み出す門出のときです。

子どもたちは次の段階に進むたびに、それまでなじんだ生活に別れを告げ、輝く未来に期待しつつ、新しい環境の中にとけ込んでいかなければなりません。それは親御さんにとっても同じことです。

ですから、入園、入学に際しては、未来に向けて心からエールを送り、「おめでとう」と思いっきりポジティブな言葉でお祝いしましょう。

幼稚園、小学校、中学校、高校、大学と、子どもはどんどん大きくなっていきます。祝う言葉も、夢をもってワクワクしながら成長していけるように、明るく前向きな言葉を選びましょう。

「一生ものの夢と友人を見つける」「勉強だけでなく人としても学ぶ」「夢を抱いて行動する」といった表現に、人生の先輩としてのメッセージを託しましょう。

成人を祝う言葉

◆晴れ着姿は、あなたを育てた私たちへの表彰状。がんばったね。

◆この先もすばらしい人生になることを信じて見守っています。

◆私たちの子どもに生まれ、立派に成長してくれてありがとう。

◆大人への第一歩。苦楽ともに愉《たの》しみながら夢に向かって進んでね。

◆「両親のおかげ」と心の底から思えたら、本物の大人です。

◆立派に育ててくれたご両親に感謝して、日々お過ごしください。

◆今日は親にとっても成人式。これまでがんばったご両親に乾杯。

◆今日までのことが「あっというま」なら、それは幸せな証拠。

※1～3番目は親から贈る言葉。4～6番目は知人から贈る言葉。7～8番目は新成人の両親へ贈る言葉。

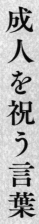

大人への一歩を祝福し、生きる指針を伝えたいもの

成人といえば人生の一区切り。ここから大人としてのスタートです。ここまで元気に成長した子どもにも、一生懸命育ててこられた親御さんにも、お祝いの言葉を贈りましょう。

成人式といえば、晴れ着姿ですね。そのステキなハレの日の姿は、まさに親御さんにとっては、がんばってここまで育ててきたことへの表彰状。きっと安心と同時に、感無量でしょう。

親御さんから子どもへの感謝の言葉は、独り立ちする子どもへのエールです。親子の関係も、この言葉を一区切りに、新しい一歩が始まります。

知人から当人へのメッセージでは、やはり「ご両親に感謝する気持ち」を教えたいもの。また「夢をもって生きる」ことの大切さも伝えましょう。

親御さんに対しては、「これまでがんばったご両親に乾杯」とご苦労を讃えるとともに、立派に育てあげることができた幸せを、心から祝福したいですね。

長寿を祝う言葉

◆○歳には見えない、若いおじいちゃん（おばあちゃん）ですね。
◆○[※]寿を迎え、ますます可愛いお姿を拝見できてうれしいです。
◆お米のようにツヤツヤの米寿《べいじゅ》のお母さんは、みんなの憧れです。
◆いつも若々しいお姿に、エネルギーをいただいています。
◆まっすぐ伸びた背筋に、美しい人生を送られていると感じます。
◆可愛いおばあちゃんの孫でいられることが自慢です。
◆長い長い人生、家族をずっと見守ってくれて本当にありがとう。
◆この先も一緒に人生を楽しみましょうね。

※○には相手の年齢に応じて「傘」「米」などを入れます。

人生の通過儀礼に際しては敬意と愛情のこもった言葉を

最近では、長寿のお祝いがしっくりくるのは八十歳の「傘寿《さんじゅ》」からではないでしょうか。続いて、八十八歳の「米寿」、九十歳の「卒寿《そつじゅ》」、九十九歳の「白寿《はくじゅ》」、百歳の「百寿《ももじゅ》」という人生の通過儀礼があります。

私が長寿のお祝いで贈りたい言葉の第一位は、女性なら「可愛い」です。「可愛い」という言葉は小さい子どもから年配の方まで、年齢に関係なく女性に喜ばれる言葉。いつでも、ほめ言葉として使いましょう。

男性の場合の第一位は「若い」。続いて第二位は「かっこいい」です。どちらの言葉も照れ笑いされます。まんざらでもないようです。

長い人生を歩んでこられた人生の先輩に対して、心からの敬意を表したいもの。「長い長い人生、家族をずっと見守ってくれて本当にありがとう」と感謝の言葉を伝えたいですし、「みんなの憧れです」と手紙に書くことで、「まだまだ自分も……！」と生きる力や元気を出していただけたらいいなと思います。

昔ながらの手紙のルールより、素直な心が一番

手紙には、昔から受け継がれてきた形式があります。「拝啓」などの頭語で始まり、「時候の挨拶」「結びの挨拶」を入れ、「敬具」などの結語で締めくくる。

これはこれで美しい手紙の書き方です。

でも「この書き方だとかしこまってしまい、自分らしくない」「何か、かた苦しい文章しか書けない」ということなら、もっと自由にのびのびと手紙を書いてもいい、と私は思っています。

たとえば私は、日本を代表する経営者のおひとり、〝生きる経営の神様〟と称される京セラ名誉会長の稲盛和夫《いなもりかずお》氏に、長年、お手紙を出しています。私は十五年間、稲盛氏が主催する経営者勉強会「盛和塾」で、ご指導を受けてきたから。

しかし、一度も「拝啓」「敬具」などを使ったことはありません。

いつも最初に「稲盛和夫様」と宛名を書き、本文の書き出しは「こんにちは。井《い》垣利英《がきとしえ》です」

Column

次に季節の旬の話題に触れ、「お元気にお過ごしですか？」とお尋ねする。

最後は「またお会いできる日を楽しみにがんばります」と決意表明をして、「お体を大切に」と結びます。

だいたい、いつもこんな感じです。そんな私の手紙ですが、稲盛氏が主催されている勉強会でお会いすると、いつも「ありがとう。あなたの手紙を読むと気持ちが明るくなるよ」といっていただいています。

手紙の書き方の例として、この話を聞いてびっくりしたでしょう。

でも、大切なのは「どんな形式で書くのか」より、「どんな思いを相手に伝えたくて書くのか」ということです。ありのままの自分の言葉でいいのです。

形にとらわれて書きたいことが表現できず、かた苦しい文章しか書けないなら、形にこだわらず、もっと気楽にのびのびと手紙を書いてみてはいかがでしょう？

自分らしい表現で、心を込めて書く。育ちの良さがにじみ出るのは、そういう手紙です。素直な心が、相手の心に伝わるのです。

ぜひ、形式にとらわれずに、自分らしい手紙にチャレンジしてみてください。

第四章

お見舞いの言葉

療養中の人への言葉

◆がんばっている自分の体に「ありがとう」をいってみてね。

◆こんなときくらいは、体も脳もリラックスさせてくださいね。

◆日にち薬という言葉もあります。ゆっくり静養してください。

◆今はひたすら、心身のエネルギー補給に力を注いでください。

◆静かにのんびり心と体を休め、自分を新発見！してください。

◆心から楽しいと思えることだけをして、のんびりしてください。

◆ゆっくり温泉につかって、地球のパワーで英気を養ってみては？

◆準備や後片づけが大変かと思い、すぐ食べられるものを送ります。

ゆったりした気持ちになれる「言葉の花束」を！

病気やケガで療養中の方への手紙文は意外に難しく、「早く会社に戻ってくるのを楽しみにしています」といわれたことがプレッシャーになったり、逆に「ゆっくり休んでいてね」といわれると、会社から見放されたのかと不安になったり、その心理状態はなかなか測りがたいもの。どういう状況でも使えて、弱っている気持ちが前向きになるのは「回復を心から願う温かい言葉」でしょう。

療養中の人が明るい気持ちになれるよう、生花を贈るような気持ちで「やさしい言葉の花束」を贈りましょう。あくまでもポジティブでやさしく、不安を感じさせない、ふんわりした言葉を選びます。たとえば「心配している」という言葉などもネガティブな表現。自分だったら何といってほしいか考えて書きましょう。

食事の「準備や後片づけが大変かと思い、すぐ食べられるものを送ります」は、ひとりで療養している方への心づかい。そういうちょっとした贈り物に、思いやりを感じて癒されたり、元気が湧いてきたりするものです。

入院した人への言葉

◆入院時間も楽しめるよう、好みに合いそうな本を贈ります。
◆退院後にやりたいことを山ほど想像して、ワクワク過ごしてね。
◆入院は、いつもは気づかない人の温かさを感じられる機会です。
◆こんなときくらい、周りの人に甘えてお過ごしくださいね。
◆手術をしたら、きっと生まれ変わったように体が楽になりますよ。
◆スッピン姿に気をつかわせたくないから、お見舞いは行かないよ。
◆着心地が良くておすすめの、前開きのパジャマをお送りします。
◆入院生活が退屈になったら、いつでも話し相手になります。

すぐに、お見舞いの気持ちを伝えましょう

最近では、病室や病院内で携帯電話が使えるところがほとんどのようです。親しい方の入院の知らせを受けたら、可能な場合はすぐに、ＥメールやＬＩＮＥで、お見舞いの言葉を送りましょう。このときに注意したいのは、相手のほうから病名や病状をいわない限り、こちらからは「なんの病気？」「ずいぶん悪いの？」など、いっさい聞かないこと。思いやりこそ大切なマナーです。

お見舞いに行くのは、病状が落ち着いてからにします。

その場合も、行く前に家族や周りの方に連絡をとり、あまり来てほしくないということなら、遠慮したほうがいいでしょう。

最近は、生花がＮＧだったり、面会を制限したりする病院もあるので、事前に確認が必要です。お見舞いの品としては、明るい色の「質の良いタオル」「前開きのパジャマ」「羽織るもの」など、入院中に使えるものが喜ばれます。食事も治療の一環ですから、食品類は控えましょう。

退院した人への言葉

◆職場復帰したらまた忙しくなるので、栄養補給しておいてね。
◆お仕事に戻られたそうですが、しばらくはご無理のないように。
◆これからは体の声を聴いて、少しでも疲れたら休んでください。
◆心身をリフレッシュしたあなたのさらなるご活躍を期待します。
◆お早い退院はいつも付き添われていたご家族の愛情の賜物ですね。
◆また一緒に食事に出かけられますね。今から本当に楽しみです。
◆おうちで簡単にプロの料理を楽しめる調理器具を贈ります。
◆笑って腹筋を鍛えられるように、「お笑い」のＤＶＤを贈ります。

お花や品物に添えて「思いやりの言葉」を！

最近は、入院期間がだんだん短くなる傾向にあるようです。お見舞いに行こうと思っていたら、もう退院したというのはよくある話。そんな短い入院でも、本人にとっては手術などが伴う場合もあり、つらい体験です。退院されたと聞いたら、すぐにお花や心づかいの品物、温かい言葉の手紙などを贈りましょう。

また、退院はおめでたいことですが、中には一時的な退院の場合もあります。そこを見極めて、言葉を選ぶようにしてください。

手紙には「退院されたと聞きました。良かったです。おめでとう」「また一緒に食事に出かけられますね」などと、退院を祝う言葉を明るく伝え、一方で「しばらくはご無理のないように」「これからは体の声を聴いて」「栄養価が高く消化に良いスープの詰め合わせを送りました」など、相手を気づかう思いを込めましょう。

人のやさしさは、体調がすぐれないときには心にしみるものです。まずは、気持ちから元気になってもらえるような思いやりの言葉を贈りたいものです。

事故・災害に遭った人への言葉

◆失ったものより今、身の回りにあるものに目を向けてください。

◆明けない夜はありません。未来を信じて、心を強くもって。

◆笑顔を忘れずに。笑顔でさえいれば、きっと力が湧いてくるから。

◆取り急ぎ、調理せずに簡単に食べられる食品を送ります。

◆少しでもお役に立ちたいので、今週末、お手伝いに行きます。

◆当面必要そうな生活必需品を見つくろって持っていきます。

◆何か必要なものがあれば送るので、遠慮なくいってくださいね。

◆できるだけのお手伝いをしますのでなんなりと申しつけてください。

笑顔を取り戻すための前向きな言葉を探しましょう

地震や集中豪雨などの自然災害や、火事や事故などに遭った方には、どのような言葉がけをしたらいいのでしょうか？　これは実際にあった話で、女将さんとご縁をいただいている由緒ある老舗《しにせ》旅館が全焼したときのことです。

突然の知らせに驚いた私は、すぐにEメールで「今知って、驚いています。気持ちをしっかりもっていてください」と自分の気持ちを取り急ぎ伝えました。

次に、分厚い手紙を書きました。「客も従業員もみな無事だった」とニュースで見たので、「全員無事で良かったですね」「上皇さまがお泊りになったお部屋が焼け残って良かったです」など、目を向けてもらいたいポジティブな部分を探して書いたのです。「つらいですね」という同情の言葉より、笑顔を取り戻してもらえる前向きな言葉を、なんとしても見つけて贈りたいと思ったからです。

自然災害の場合は、まずは安否の確認をしたいところ。無事だとわかったら、具体的にお役に立てることがあるか、尋ねましょう。

年配者への言葉

◆悩んだときは、いつも○○さんのアドバイスを思い出します。
◆いつお会いしても楽しくて、時間があっというまに過ぎます。
◆△△を食べていたら、ご一緒した食事会を思い出しました。
◆「健康の秘訣はよく笑うことだ」と教わり、私もまねしています。
◆初ものを食べると寿命が延びるそうです。どんどん食べてね！
◆痛いところより、元気なところに注目して過ごしてくださいね。
◆いつまでも若々しいお姿に、こちらが元気をいただいています。
◆お孫さんに囲まれて幸せそうなお姿は、私の将来の理想です。

年配の方にとって、折々の便りは何よりの楽しみです

年配者といっても、イキイキとした人もいれば、「いろんなところに支障が出て……」という人もいるでしょう。どちらの場合も年配者に対しては、敬意を払いつつ、健康や日々の生活を気づかう便りを出したいものです。

客室乗務員をしている私の妹は、お世話になったおじさんに、行く先々の国から絵ハガキを出していました。おじさんは、来た絵ハガキをすべて大切にとっていて、亡くなられたときには本人の希望どおり、棺の中に絵ハガキの束がいくつも納められたそうです。世界中から届く絵ハガキは本当にうれしいものだったのです。

親御さんや、お知り合いに年配の方がいたら、特になんでもない日でも、思いついたときに絵ハガキを出しませんか？　手紙だとちょっと構えてしまうけれど、絵ハガキなら、大きい字で数行書くだけでもＯＫなので、気軽に書けます。

書くときのポイントは年寄り扱いしないことと、健康を気づかう一言を添えること。きっとあなたからの絵ハガキを、いつも楽しみにしてくださると思います。

ステキな便せんや絵ハガキ、切手、カードを集めよう！

手紙を書き慣れている人はもちろん、これから「手紙を書いてみようかな～」と思っている人にオススメなのは、まずは便せんや絵ハガキ、切手などを手元に用意しておくことです。「あの人に手紙を出したい」と思い立ったとき、すぐに手紙を書けるように。

新しい習慣になじむには、形から入るのがいいと、よくいわれます。

たとえば「書き慣れていないから長文の手紙はちょっと」と身構えてしまうときも、可愛い絵ハガキが数枚でも手元にあれば、「出してみようかな」という気になるものです。

初心者の場合は、最初はハガキから始めるので十分。官製ハガキではなく、文房具店や画材屋さん、美術館のグッズ売り場の絵ハガキコーナーなどで、気に入った絵柄や写真、デザインの絵ハガキをいろいろと購入しておきましょう。

絵ハガキをそろえたら、次に必要なのは切手です。

Column

私はインスタグラムで日本郵便の公式アカウントをフォローして、記念切手発売のニュースをチェックしています。ですから、大好きな縁起物の犬張子の切手や、バラの花の切手のほか、美しい絵柄の切手がいくつも手元にあります。季節によって、また、出す相手に合わせて切手を選ぶのも楽しいものです。

レターセットも、季節によっていろいろな図柄やデザインのものが出ているので、お気に入りのものをいろいろそろえておきます。

誕生日やクリスマスなどのイベント、贈り物をするとき、ちょっとしたお祝いに、心のこもった一言を書くための一筆せんやカード類も用意しておきたいもの。

これらは「手紙セット一式」としてひとまとめにし、引き出しや箱、ファイルケースなどに入れておきましょう。きっと「誰かに手紙を書きたい」という思いがむくむく湧いてくると思います。

Eメールや LINEではなく、手書き文字のハガキや手紙は、永《なが》く相手の印象に残るもの。自分のお気に入りの「手紙セット一式」をいつもストックしておいて、あなたの思いを誰かに贈る〝筆マメ生活〟を始めてみてくださいね。

第五章

ご冥福を祈る言葉

訃報を受けたときの言葉

◆○○さんのやさしい笑顔が目に浮かび、とても信じられません。

◆ご生前のパワフルな姿を思い、突然明かりが消えた気持ちです。

◆突然の訃報《ふほう》にただ驚き、信じられず何も考えられません。

◆悲しすぎて、心の中に重い石を詰め込まれたような思いです。

◆ご長寿ゆえに、過ごされた歴史を考えると言葉がありません。

◆最後にお目にかかったときの元気なお姿が忘れられません。

◆元気なお姿ばかり目に浮かび、また会いたい思いでいっぱいです。

◆教えていただきたいことが、まだまだたくさんありました。

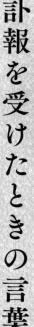

「また会って話をしたかった」という思いを伝えましょう

近しい人の訃報は、まさに「ただ驚き、信じられず何も考えられない」という状況でしょう。訃報を受けて返信するときには、「残念だし悲しい」という言葉はもちろんですが、さらに「その人ともう一度会って話をしたかった」と具体的に惜しむ気持ちを伝えましょう。たとえば地方に赴任《ふにん》中のある方は、「東京に戻ったら真っ先に会いたい方でした」と知人の訃報に際して伝えたそうです。

私は二十七歳のときに父を亡くしましたが、その訃報を聞いた私の仕事関係の経営者の方から、すぐに弔電《ちょうでん》をいただきました。

書いてあったのは、「あなたの話や成長ぶりを見ていて、お父様はどんなに立派な方だろうと思っていました。お元気なときにお会いしたかったです。残念です」という文面。心に深く響き、号泣してしまいました。

「会って話をしたかった」という言葉に、亡くなった方の存在を大切に思う気持ちが表れます。自分なりの表現で、ぜひ伝えたいものです。

香典、お供え物を送るときの言葉

◆遠方にいるため今すぐ伺えませんので、ご霊前にお供えください。

◆陽気な方でしたから、お好きだった黄色のお花を送ります。

◆○○さんがお好きだったお菓子を送りますので、お供えください。

◆葬儀に参列できないため、心ばかりのお香典を包みました。

◆ほんの気持ちだけのお香料※ですが、お供えいただけたら幸いです。

◆すぐにでも弔問に伺うべきところ、ご無礼をお許しください。

◆お香典で生前お好きだったものをお供えください。

◆大変な中、みなさまがすぐに召し上がれるものをお送りしました。

※お香料は、四十九日以降の法要にお渡しする金品。

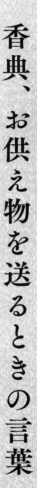

お花を送るときは、亡くなった方が好きだったお花を！

「お供えだから、白い花じゃないといけない」という決まりはありません。お花を送るときは、亡くなった方が好きだったお花を送りましょう。

私は大好きな伯父さんが亡くなったとき、「伯父さんが好きだった黄金色のお花の花かごを送ります」という言葉を添えて、黄色い花を送りました。

またご遺族に向けて、葬儀後に家に戻って召し上がっていただけるよう、消化に良い麺類などを送ることもあります。身内を亡くした人たちへの心づかいです。

不祝儀袋のマメ知識としては、「御霊前」などの表書きは宗教によって違うので、事前に確認すること。また、表書きの文字は薄い墨を使うようにします。

お悔やみの手紙を書くときには、「たびたび」「重ねがさね」「くれぐれも」などの重ね言葉は、「不幸が重なる」ことを連想させるので使いません。「続いて」「再び」「引き続き」などもNG。「死亡」「死去」などの直接的な言葉、苦しむをイメージさせる「九」や、死を連想させる「四」の数字も避けましょう。

葬儀後のご遺族への言葉

◆すばらしいご家族に恵まれ、お幸せな人生だったと存じます。
◆きっと、いつも近くでご家族を見守られていると思います。
◆今ごろは極楽浄土で幸せに暮らされているのではないでしょうか。
◆今度お会いしたとき、〇〇さんとの楽しかった話をしましょうね。
◆思いやりにあふれていて、素敵なご友人がたくさんいる方でした。
◆一緒にいると、温かなお人柄に包まれていると感じる方でした。
◆いただいたやさしさに、いつか恩返ししたいと思っていました。
◆〇〇さんほど幸せな人生を送られた方はいないと心から思います。

亡くなった人の、心に残るエピソードを伝えましょう

身内を亡くしたあとの本当の悲しみは、直後ではなく、しばらくたって落ち着いたころに訪れるものです。そのときに届けたい言葉についてご紹介します。

手紙を書くときには、自分の悲しみをしんみり説明するより、亡くなった方のとっておきのエピソードを、具体的に書いて送りましょう。

たとえばお父さんが亡くなったのなら、働いているお父さんの姿や働きぶり、「こんなときに助けられた」など、身内ではなかなか知りえない職場の姿を伝えましょう。お父さんの知らない一面に触れ、きっと慰められるハズです。

あるいは亡くなった友人のお母さんに、娘さんのステキなところを教えてあげる。「彼女は○○をしていて、私は彼女のやさしさに感心していました。彼女の笑顔で周りが明るくなっていました」と書けば、お母さんは一瞬、娘が戻ってきてくれたような感覚になるのではないでしょうか。そんなステキな存在だったのかと、あらためて「育てて良かった」と納得されるのではと思います。

ペットを亡くした人への言葉

◆○○ちゃんは、あなたと一緒に暮らせて幸運だったと思います。
◆あの寝姿を見て、幸せなワン（猫）ちゃんだなと思っていました。
◆姿は見えなくても、ずっとあなたのそばにいると思います。
◆元気だった○○ちゃんともう会えないなんて、信じられません。
◆○○ちゃんと一緒にドライブしたときは、本当に楽しかったね。
◆○○ちゃんの表情豊かな顔や鳴き声に、いつも癒されていました。
◆きっと虹の橋で、元気にあなたとの再会を待っていると思います。
◆○○ちゃんが安心するように、しばらくしたら笑顔に戻ってね。

ペットを思う心は深いもの。飼い主を理解した言葉がけを

ペットを亡くすのは悲しいものです。自分の手で育て、可愛がってきたわけですから、まるで子どものような存在でもあり、ともに生活する大切な家族です。動物を今まで飼った経験のない人は、「もし大事な家族が亡くなったら」と、その悲しみを想像し、かける言葉を慎重に選びましょう。

中には「自分の育て方、飼い方が良くなかったのでは」と自分を責めて苦しむ人もいます。そのペットが「あなたと一緒に暮らせて幸せだった」「幸運だった」という言葉を、ぜひかけてあげてください。

また、世界中の飼い主の間に広まっている『虹の橋』※という詩にちなんで、「虹の橋で、元気にあなたとの再会を待っていると思う」と伝えても、慰めになると思います。「亡くなったペットは天国の手前にある虹の橋で、元気に過ごしながら、やがて飼い主がやって来て、一緒に虹の橋をわたり天国に行く日を待っている」という話です。ペットへの愛は深いのだと理解して言葉を選びましょう。

※「生前、人と暮らしていた動物たちは、その命の灯が消えたとき『虹の橋』のふもとへ行く」という内容の詩（作者不明）。

「なんでもない日の手紙」だから心が伝わる

手紙を書くのに特別な理由はいりません。「しばらく会っていないけれど、どうしているかな」と思ったら、そのタイミングで手紙を出してみましょう。

たとえば「この前行った海の見えるレストランのイタリア料理、おいしかったね」と、それだけを書いて送るのでもいいのです。

すると、受け取った相手はあなたと行ったレストランを想像し、楽しい思いに包まれるでしょう。「また行きたいね」という思いがお互いの間に流れるのではないでしょうか?

「相手への心づかい」「一緒に行った旅行や、語り合った思い出」「自分が今、面白いと思っていること」「最近、初めて知った面白いこと」「読んだ本や観た映画の感想」「趣味のこと」、その他なんでも、相手にも楽しんでもらえると思えることを書いてみませんか?

手紙は相手に贈るギフトです。思いついたタイミングで、ちょっとしたことを書

Column

いて送るだけで、幸せや楽しさを届けることができます。

それに、手紙を書くのは、実は「時間をプレゼント」することでもあります。

書いている時間は、その人のことだけを思っていますよね。手紙にかけた十五分なり一時間なりは、その人への思いに集中しています。

時間はかけがえのない大切なものですが、結果として、それをプレゼントすることになるのです。思いが伝わらないわけはありません。

手紙は心と心を結ぶリボンとして大切な役割を果たしてくれます。

もっと仲良くなりたいなと思っている相手に手紙を送ることで、お互いの心のリボンがギュッと固く結ばれます。

もしかしたら、相手がリボンを結びに来てくれるのを待っている人もいるかもしれませんが、私は自分から発信したほうがいいと思っています。

待っているくらいなら、自分から手紙を書きましょう。ハガキ一枚出すだけで、ドキドキ&ワクワクするドラマが始まるのです。

善は急げ！

第六章

謝りたいときの言葉

ミスをしたときの言葉

◆今回の問題の責任はすべて私にあります。

◆弁解は一切なく、一刻も早く問題が解決するよう尽力します。

◆私の不手際につきまして、深謝いたします。

◆失った信頼を回復するために、すぐに進め方を改善いたします。

◆こちらの過ちをご指摘いただき、早急な方向転換ができて幸いです。

◆ご指摘によって、ミスが最小で済みました。感謝を申し上げます。

◆このたびのミスは、速やかな原因の究明と行動で必ず挽回します。

◆同じミスを防ぐため、自らを戒《いまし》めるとともに、意識を高めます。

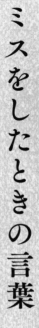

ミスしたときに「いいわけ」をするのは厳禁です

ミスをして謝りたいときには、すぐに直接会って話すのが一番です。相手の目を見て、心を込めて謝罪する。ビジネスマナー研修では、「菓子折りを持ってすぐに会いに行き、直接謝罪をするよう」伝えています。しかし、会ってもらえない場合もある。なんらかの事情ですぐに会いに行けない場合もあるでしょう。

そんなときは手紙を出しますが、やってはいけないのは「いいわけをする」こと。いいわけがましい手紙は相手をさらに怒らせるだけです。

手紙の書き方としては、相手に不快な思いをさせたり、迷惑をかけてしまったことを心から謝ります。ただ、相手の怒りは誤解という場合もあるでしょう。でも「それは誤解です」などといおうものなら、火に油を注ぐようなもの。

まず謝ったうえで、事実を時系列でシンプルに伝えます。「自分としては、こういう思いで取り組んできた」と誠心誠意、素直な心で書くしかありません。そうすることで事実が整理され、問題点が絞られ、無事に収まったりもするのです。

深い反省の気持ちを伝える言葉

◆ご気分を害するような失態、無礼をお許しください。

◆親しき仲に甘えて言葉が過ぎてしまい、とても反省しています。

◆立場をわきまえず、出すぎたまねをしてしまいました。

◆どうしてあんなことをしてしまったのかと悔やんでいます。

◆自分の恥ずかしい振る舞いを思い、穴があったら入りたいです。

◆恥ずかしくて顔向けできませんが、お会いして謝りたいです。

◆自分の責任感の足りなさは、本当に恥ずかしい限りです。

◆許されることとは思いませんが、弁償させていただきたいです。

自分に非があるなら、素直に誠実に謝りましょう

「謝る」のはなかなか難しい、と感じていませんか？　でも、少なくとも「自分がいったり、したりしたことは間違っていた」と感じ、「相手を傷つけてしまった」「相手が感じている痛みは、自分に原因がある」と思っているなら、迷いは不要です。潔く、心から謝りましょう。

謝るときは、相手と直接会って話すこと。相手の目を見て素直に謝れば、大事《おおごと》にならないことが多いからです。しかし、どうしても会えない事情がある場合は、ここにご紹介した文例をぜひ利用して手紙を送ってください。

また、意地と意地の張り合いは、物事をややこしく、難しくするだけです。そういう場合も、こちらから素直に謝ることで、重く硬くなったお互いの心がとけていく場合もあります。

深い反省は、自分を見つめ直すための大切なプロセスです。しっかり反省したら、いつまでも過去にとらわれていないで、前へ前へ進みましょう。

毎月ある年中行事で「深さ」を出して

手紙の中に入れる話題でオススメなのが、年中行事についてです。

私はここ数年、年中行事と美しいマナーのクラス「マナー美人塾」を開催しています。年中行事は千年以上も前から受け継がれてきたものも多く、私たち日本人のＤＮＡに深く刻まれている美しい伝統文化や風習です。

「節分」や「ひな祭り」と聞くと、映像が浮かんで懐かしい気持ちになる。話題にすると必ず共感を呼ぶ。これは日本人の心の共有部分のように思います。

手紙の中に年中行事の話題が入っているだけで、ステキな感じがするし、日本人としての深みが感じられます。「きっと年中行事を大事にするご家庭で育ったのだろうな」と、好感をもたれることでしょう。

本書でも、第一章の「春夏秋冬にふさわしい言葉」の中に、各月の年中行事に関する言葉を、いくつも盛り込んでいます。そのままでも構いませんし、自分なりの思いを込めた表現に変えていただいてもいいので、ぜひ使ってみてください。

Column

年中行事の面白いところは、必ず邪気《じゃき》払いや縁起かつぎが盛り込まれているところ。健康や幸せを願う気持ちは、不変なのですね。

たとえばひな祭りに飾る「菱餅《ひしもち》」ひとつとっても、たくさんの願いが込められています。ひし形はもともと正方形だったものを向き合う角を持って伸ばした形です。伸びているのは「長寿」を意味します。菱餅の三色には、赤は魔よけ、白は清浄、緑は健康といった願いが込められています。

こういうことを話題にするだけで、いくらでも楽しい文章が書けます。

年中行事はどれも、運を良くし、福を招く行事ですから、その意味を相手に伝えるだけで、教養が増え、運気も上がる手紙となるでしょう。

ご参考までに、主だった年中行事の日程をご紹介しておきます。

★1月1日＝お正月　★2月3日ごろ＝節分　★3月3日＝ひな祭り　★4月8日＝花まつり
★5月5日＝端午の節句　★6月16日＝嘉祥　★7月7日＝七夕　★8月13～16日＝お盆
★9月9日＝重陽の節句　★9～10月の十五夜＝お月見　★11月15日＝七五三
★12月22日ごろ＝冬至　※日程や、いわれやしきたりは、地域によって異なる場合があります。

第七章

意見や気持ちを伝える言葉

共感したときの言葉

◆こんなアイデアが出せるなんて、ステキだと思いました。
◆思いもつかない良い発想で、さすが○○さんだと感心※しました。
◆あなたの言葉のおかげで私もスッキリして、心が晴れました。
◆あなたがおっしゃったことに、心から拍手を贈ります。
◆以前から私も、○○したほうが良いと思っていました。
◆あなたのお考えを聞いて、同じ意見の人がいてホッとしました。
◆誰も考えつかないようなご意見に、目から鱗が落ちました。
◆○○についてのご感想、私も同じと思いうれしくなりました。

※「感心する」は目上の人や顧客に対しては使いません。

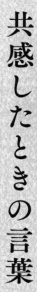

共感したら、そのことを相手に伝えましょう

一対一で話しているときには、「そうそう、私もそう思ってました」「いいご意見だと思います」と、その場で相槌を打てるのですが、たくさんの人が同席する会合だと、手を挙げての賛成意見はなかなかいえなかったりします。

あるいは、せっかく相手が何かに対する意見や、自分の興味ある情報、本や映画の感想を書いて送ってくれたのに、すぐ反応せず、時間が過ぎてしまうこともあるでしょう。

共感したのに、相手に伝えないままでは、相手にとっては「共感してもらえなかった」のと同じです。そういうときは、すぐに手紙を書いて（あるいはEメールやＬＩＮＥで）、共感したことを伝えましょう。

文例に挙げたような言葉とともに、「自分は具体的にどういうところに共感したのか」「相手の意見のどこがすばらしいと思ったのか」などを伝えることで、お互いの理解が増し、人間関係も深まっていくと思います。

意見を伝えたいときの言葉

◆おっしゃる通りだと思いますが、一方でこういう発想もあります。

◆いただいたアイデアに、これを加えてみてはいかがでしょうか。

◆ひとつだけ私の考えをいわせていただけますでしょうか。

◆こういう考え方もあるので、ご検討いただけたらうれしいです。

◆ご意見はわかりますが、こういうことも参考にしてみてください。

◆せっかくのご提案が成功するよう、もう少し一緒に考えませんか。

◆リスクを回避するため、もう一度じっくり考え直しませんか。

◆鋭い視点に脱帽です。せっかくなので他の方法も検討しませんか。

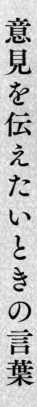

まずは「相手のいい分」を受けとめることが大切

相手の意見や考えと違う場合（反対意見）、意見をいうのは難しいものです。でも、人間関係の中では、そこをきちんと伝えるのは大切なことだと思います。伝え方にひと工夫がいるでしょう。意見を聞いたらまず、「そうだよね」「わかるよ」といったん受けとめること。この二つの言葉は「同意した」という意味ではなく、「あなたのいいたいことはわかった」「受けとめた」という意味です。

そのうえで、文例にあるような言葉で、自分の意見を相手に伝えます。

この二つのプロセスを踏むことで、話し合いのベースが整います。そこからスタートして意見を交換し合うことで、新たな良い考えが生まれたりします。

手紙で自分の意見を伝えるときも、「そうですね」「あなたのおっしゃっていることはよくわかります」の言葉を最初に入れましょう。「違うと思います」などと、最初から相手の意見を否定してしまうと、相手との間に壁ができ、歩み寄れなくなってしまいます。気をつけましょう。

お願いするときの言葉

◆○○さんと一緒にできたら、きっと楽しいと思います。
◆ご経験を活かして、お力をお貸しいただけないでしょうか。
◆この大役は、○○さん以外には考えられません。
◆これを引き受けていただけたら、良い経験ができるはずです。
◆尊敬するあなたに、ぜひともお願いしたいのです。
◆真心をもって人に接しておられるので、あなたに頼めば安心です。
◆いつも明るく快活な○○さんだからこそ、お願いしたいのです。
◆みんなに慕われているあなたなら、きっと多くの人が喜びます。

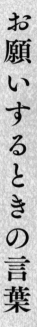

「あなただからこそお願いしたい」とはっきり伝えましょう

ここでいう「お願いする」の意味は、「なんらかの役割を相手に引き受けてほしくて、お願いする」ということです。

依頼状を書くときは、まず「あなた以外に考えられない」「ぜひとも引き受けていただきたい」と熱い思いをアピールすることが大切です。

気をつけたいのは、心の中に「この人に断られたら、次にこの人に頼もう」などという打算があると、その思いは文面から伝わってしまうということです。

自分はなぜその人にお願いしたいのかをきちんと整理して、「この人に頼むのが一番」という思いを固めてから、依頼するようにしましょう。

「これを引き受けていただけたら、良い経験ができるはず」など、相手にも利点があることを知らせたり、「みんなに慕われているあなたなら、きっと多くの人が喜びます」と、たくさんの人に支持されていることを伝えると相手もうれしいハズです。押しつけにならないよう、誠心誠意お願いしてみましょう。

誘うときの言葉

◆あなたの好きな〇〇もあります。一緒に行きませんか？

◆気候も良くなってきたから、一緒に出かけませんか？

◆「見たい」とおっしゃっていましたね。一緒にいかがですか？

◆話題の〇〇に行ってみたいので、一緒に行きましょう。

◆おいしいお店を見つけたので、連れて行ってあげたいな。

◆あなたが好きな〇〇に興味があるので、ご一緒させてください。

◆一度も行ったことがないので、今度行くときは誘ってください。

◆知識がなくても楽しめます。息抜きのつもりでご参加ください。

デートのお誘いもこれでOK。誘い方にはコツがある！

「一緒にどこかに行きたい」「何かをしたい」と誘う場合、相手にOKしてもらうためには、まずは、誘いたい相手の好みや興味あることを日ごろからリサーチしておくことが大切でしょう。「イタリア料理が好き」「日本酒が好き」「クラシックのコンサートが好き」「キャンプが好き」……など、人の好みはいろいろです。そして、人は自分が「好き」だから「動く」のです。

相手が「イタリア料理が好き」なら、「○○においしいイタリア料理の店を見つけました。一緒に行きませんか？」と誘えば、OKしてもらえる確率は高いハズ。逆に、相手の好みなど考えず、自分の好みだけで誘っても難しいということです。

旅行に行くのに友人を誘いたいなら、その友人がグルメな人だった場合、「その海沿いに、ものすごくおいしいと評判の海鮮料理のお店がある」と伝えることで、「あら、行こうかな」となるのです。誘い方にもコツがあると知ってください。

ほめるときの言葉

◆○○ができるなんて、身も心も若い証拠ですね。

◆あなたほどマメな人はいないと思います。すばらしいです。

◆細かいところまで心くばりをされていて、いつも感心しています。

◆以前より格段に上達されて、とても素敵です。

◆○○さんがあなたのことを「やさしい人だ」と言っていました。

◆髪がツヤツヤで美しいから、後ろから見てもすぐにわかりました。

◆ずっと熱心に打ち込んでいる姿に、いつも感銘を受けていました。

◆男らしいうえに、動物にやさしく接することもできるのが素敵です。

さりげなくほめることで「幸せな気持ち」を届けましょう

人をほめると、ほめられた相手も自分もうれしくなります。「人に幸せな気持ちになってもらう」のも、手紙を書く理由のひとつ！　手紙にはぜひ、相手をほめる言葉をさりげなく盛り込みたいものです。

ほめるポイントとしては、ひとつは相手がこだわっている点をちゃんとわかって、そこをほめること。オシャレ好きなら、「この前ご一緒したときに着ていたコートは、オシャレでかっこよかったです」などとほめると、きっと喜ばれます。

できるだけ具体的にほめるのも大事です。たとえばピアノを弾くのが趣味の人なら、ただ「ピアノが上手ですね」ではなく、「あなたの演奏を聴くと、美しい情景が浮かびます。音のひとつひとつが澄んでいて、とても癒されます」などと、細やかにほめると喜ばれるでしょう。

また、人づてに聞くほめ言葉は、特にうれしいものです。誰かが相手のことをほめていたら、ぜひそのことを手紙に書いて、伝えてあげてくださいね。

愛の告白に添える言葉

◆あなたのおかげで、心がどんどんピュアになっている気がします。
◆「せつない」ってこういう気持ちなんだ……と初めて知りました。
◆あなたと出逢ってから、日常の風景がキラキラ輝き始めました。
◆誰かと一緒にいてこんなに楽しい気持ちになったのは初めてです。
◆もっとお話を聞いていたかったです。また聞かせてください。
◆あなたといると自然体の自分でいられるので、居心地がいいです。
◆この先もあなたの笑顔を見ていたいです。心が明るくなるから。
◆この世界に生きてきて、あなたと出逢えたことが一番うれしいです。

「好き」を匂わせるラブレターの書き方は？

人生の中で「好きな人」と出逢えるチャンスは、そんなにたくさんあるわけではありません。もしあなたに好きな人がいるなら、勇気を出してその思いを相手に伝えてみませんか？　好きな人と出逢えたことの喜びを手紙に書いて送るドキドキ感は他にありません。このときめきは、大切にしてほしいです。

ただし、相手にイエスかノーかを迫る重い内容は、オススメしません。それよりも「誰かと一緒にいてこんなに楽しい気持ちになったのは初めて」とか、「あなたといると自然体の自分でいられるので、居心地がいい」など、「あなたが好き」なことを匂わせる言葉を選びましょう。

また、相手のどういうところが好きかを書くのもありです。「うれしそうに笑うあなたの笑顔を見ていると、私までうれしくなる」など、ほめられて嫌な気持ちがする人などいません。せっかく好きな気持ちを伝えるのですから、相手が読んで照れ笑いしたり、幸せになるような言葉を選びましょう。

引き受けるときの言葉

◆ご依頼をいただき、とても光栄です。一生懸命に取り組みます。
◆以前にも経験し、自信がありますので、安心してお任せください。
◆私の得意分野です。お役に立てるように全力を尽くします。
◆素敵なチャンスをいただき、とてもうれしいです。
◆みなさまに喜んでいただけるよう、しっかり準備して臨みます。
◆協力させていただけるとのこと、とても誇らしい思いです。
◆重要なお役目をお任せいただき、身に余る光栄です。
◆このたびの大役、はちまきを締めて取り組みたいと思います。

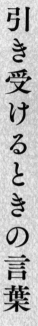

「自信があります」と宣言し、全力を尽くしましょう

「仕事」や「役割」を依頼され、引き受けるときには、「自信がありますので、安心してお任せください」「得意分野です。お役に立てるように全力を尽くします」など、相手が安心するような言葉を伝えましょう。

「私では力不足かも……」と不安を口にするのは、オススメできません。相手は、あなたならできると思うから依頼しているのです。自信をもって!!

〝生きる経営の神様〟といわれる稲盛和夫氏は「能力を〝未来進行形〟でとらえる」と教えています。現在の能力で「できる、できない」を判断していると、いつまでたっても新しいことや、難しいことなどできるはずはありません。それよりも、どんな難しい仕事を頼まれても、「できます」「やらせてください」と引き受ける。力が足りない部分は自分の無限の可能性を信じて、しっかり努力をするのです。未来に向けて、人の能力は無限に広がります。引き受けて、チャンスをつかみましょう!

断るときの言葉

◆せっかくチャンスをいただいたのに、日程が合わず残念です。
◆お引き受けしたいのですが先約があり、申し訳ございません。
◆〇月〇日でしたらお引き受けできますが、いかがでしょうか。
◆ポリシーに合わないため、申し訳ございませんがお断りします。
◆今回はタイミングが合いませんが、またお声がけください。
◆お役に立ちたかったのですが、他の方にチャンスを譲ります。
◆体調がすぐれず、ご迷惑をかけますので参加を見合わせます。
◆私の勝手なわがままですが、お断りします。本当にごめんなさい。

ときには嘘も方便、ときにははっきりと断る

相手の申し出を断るにしても、いくつかパターンがあります。まず、断りたくないけれど断らざるをえない場合。そういうときは「○月○日でしたらお引き受けできますが、いかがでしょうか」と代案を出してみるといいでしょう。

次に、断りたいけれど、相手に嫌な思いをさせたくない場合。嘘も方便という言葉はこういうときのものです。「日程が合わず残念です」「お引き受けしたいのですが、先約があり」「体調がすぐれず、ご迷惑をかけますので」と別の理由をつけて断ると、角が立たず、上手にお断りできます。

また自分のポリシーに反するので断りたい場合は、はっきりとそう伝えるのがいいと思います。私も以前、ある雑誌社から、有名な女優さんのマナーについてコメントを求められたことがあります。女優さんをかばうコメントをしたのですが、意に反する部分だけを切り取られて、掲載されてしまいました。以後は、人を批判するような内容のコメントを依頼された場合、はっきりとお断りしています。

Eメールでもポジティブな言葉を意識しよう！

大切な連絡やまとまった資料を送るときなど、Eメール（以下メール）を出す機会も少なくないでしょう。特に仕事では、メールは基本的なツールです。

そこで気をつけたいのが、メールの書き方です。

メールはパソコンによる機械の文字なので、どうしても冷たい印象になりがちです。手書きの文字と違って温もりを感じられませんから、言葉選びには細心の注意が必要です。

まず、書き出しが肝心。「メールをいただいて、ありがとうございます」「この間は食事をご一緒できて楽しかったです」など、感謝の言葉から入ると、好印象をもってもらえます。

文中で使う言葉にも注意したいもの。たとえば「嫌い」という言葉は、自分にいわれたわけではないとわかっていても、ドキッとしてしまいます。キツい印象を与えてしまうマイナス言葉です。

Column

もし、そういう意向を伝えたいなら、最高にポジティブな響きの言葉「好き」に「ない」をつけて、「好きじゃない」といい換えましょう。たとえば食事の好き嫌いを尋ねられたときに、「魚は嫌いです」と書くのではなく、「魚は好きじゃないです」と書くと、やわらかい表現になり、やさしい印象を与えます。

ポジティブないい換えは、いろいろあります。「まずい」は「おいしくない」に、「悪い」は「良くない」に、「へたくそ」は「上手じゃない」に、「ダサい」は「オシャレじゃない」に、「汚い」は「きれいじゃない」というように、言葉をいい換えるだけで、あなたの印象も変わります。

メールを送信する前にチェックして、マイナス言葉は書き換えましょう。手紙でも、日常会話でも意識してください。

メールの最後もまた、相手を気づかう言葉で締めましょう。その場合も「風邪などひかないよう、お気をつけください」では、「風邪をひく」というマイナスイメージが先にくるので、せっかくの心づかいもだいなしです。「お元気にお過ごしください」というように、プラスのイメージが前面に出る言葉を選びましょう。

第八章

その他——挨拶や感謝の言葉

お礼の言葉

◆〇〇さんとのご縁をいただけて、本当に幸せです。

◆先生と出逢えて世界が広がり、人生が豊かになりました。

◆貴重な時間をご一緒することができて、多くの学びがありました。

◆おかげさまで、悦楽のひとときを過ごすことができました。

◆私の好物を覚えていて、お贈りくださるなんて、大感激です。

◆箱を開けた瞬間に、お心づかいが伝わってきて感動しました。

◆贈り物を選んでいるあなたの姿が目に浮かんできて、涙しました。

◆お人柄が表れた、おいしいお料理のおもてなしに感激しました。

何に感謝しているのかを、具体的に相手に伝えましょう

ここでご紹介している文例は、感謝の言葉「ありがとうございます」とセットで使う言葉です。「ありがとう」は地球上で一番エネルギーの高い言葉。「ありがとう」と伝えることで、お互い幸せになります。お礼をいうチャンスがめぐってきたら、さっそく手紙を書いて「ありがとう」を相手に贈りましょう。

「教えを受けたから」「一緒に楽しいことをして過ごせたから」「贈り物をいただいたから」「食事を御馳走になったから」など、お礼をいいたいシチュエーションはいろいろですが、お礼を書くときのポイントは同じです。

大事なのは「何に感謝しているかを、具体的に相手に伝えること」。

たとえば「先生と出逢えて世界が広がり、人生が豊かになりました」という場合なら、続けて「先生のどんな教えに感動し感謝しているのか」を詳しく書くと、心から感謝している気持ちが伝わり、喜ばれます。また、こうして感謝している内容を自分自身で確認することで、人格も磨かれるのだと思います。

ねぎらいの言葉

◆大車輪のご活躍でしたね。みんなとても助かっていました。
◆一生懸命に取り組むお姿に、私もたくさん勇気をいただきました。
◆少しご負担も軽くなると思いますので、ゆっくりお休みください。
◆あなたの努力が実を結びましたね。自信をもってください。
◆先頭に立ってがんばる背中に、たくさん学ばせていただきました。
◆いつもがんばりすぎでしたから、しばらくのんびりしてください。
◆細かな心づかいをしてくださって、いつも助かっていました。
◆これからは自分のご趣味などを存分に楽しんでください。

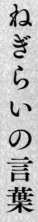

ちゃんと見てくれている人がいるのはうれしいもの

「ねぎらいの言葉」は、相手が努力しがんばってきたことを身近で見て、知っているからこそ、かけられる言葉です。「大車輪のご活躍でしたね。みんなとても助かっていました」「一生懸命に取り組むお姿に、私もたくさん勇気をいただきました」など、努力を讃えるとともに「おかげさまで……」の感謝の言葉も添えましょう。

また遠くに住む友人に対しても、折々の便りに「きっと大変だったに違いない」とそのようすを想像し、心を寄せたねぎらいの言葉を送りたいものです。

子育てや仕事、介護など、自分ががんばってきたことに節目を迎えたときや成果が出たとき、「すごいね」とその努力を評価されたり、「よく、がんばったね」とねぎらってもらえるのは心に響きます。「ちゃんと見てくれている人がいた」と、涙が出るほどうれしかったりするものです。

きっと大変だったに違いないと、相手の努力やがんばりがわかったら、温かい言葉、ねぎらいの言葉をつづった手紙を送りましょう。

励ましの言葉

◆人の能力は無限です。夢をもって努力を続ければ成功します。

◆人事を尽くして、あとはただ天命を待ちましょう。

◆実現するまであきらめなければ、きっと夢はかないます。

◆地道な努力や真摯《しんし》な姿勢を見ている人は、必ずいるものです。

◆困難を努力で乗り越えてきたあなたのこと、今回も大丈夫ですよ。

◆いつでもあなたの味方でいます。笑顔を忘れずに進んでください。

◆離れていても心はそばにいて、いつもあなたを見守っています。

◆まっすぐ筋の通ったあなたのことを、みんなが応援しています。

「がんばれ」ではない勇気が出る言葉を！

「逆境のただ中にいる人」「何かに挑戦しようとしている人」「まさに今がんばっている真っ最中の人」にエールを送るときの言葉です。

私は励ましの言葉を伝えるとき、「がんばれ」という言葉は使わないよう、いつも意識しています。「がんばれ」という言葉は、スポーツ観戦のシーンなどではいいのです。励ましにはもっと別の、勇気が出たり、元気づけられたりする言葉を探して使います。

がんばっているのに成果が出なかったり、自信をなくしそうになっている人に対しては、「今までにどんな試練を乗り越え、どんな大変なことをやり遂げてきたか」を具体的に伝えて、思い出してもらいましょう。そして「○○ができたから、今回も絶対できるはず」と励ましてください。

「困難を努力で乗り越えてきたあなただから今回も大丈夫」「過去に成功したように今回も必ずうまくいく」と伝えることで、力が湧いてくると思います。

長い間お世話になった人への言葉

◆「一生のうちに逢うべき人には必ず逢える」って本当ですね。

◆多くのご指導をいただき、おかげで見える世界が変わりました。

◆あなたとご一緒した年月は、私の人生の中で輝く宝物です。

◆あなたと出逢えた奇跡を、これからも大切にして生きていきます。

◆○○はこれでおしまいですが、ご縁は一生続きますように。

◆一緒にいる何気《なにげ》ない時間が貴重な時間だったのだと今、思います。

◆あなたから学びたいことは、まだまだたくさんあります。

◆迷わずにここまで進んでこられたのは、あなたのおかげです。

「これからも末永いお付き合いを」のニュアンスを込める

実家を離れてよその土地で独り暮らしを始めるとき、結婚して家を出るとき、学校を卒業するとき、長年勤めた職場をあとにするときなどに、長いこと身近にいた人たちや恩師に書く手紙の言葉です。「お世話になりました」の言葉に添えてください。大切なのは、これで縁が切れるというわけではなく、これからも関係は続くと伝える文面であることです。

「多くのご指導をいただき、おかげで見える世界が変わりました」など、お世話になった感謝の言葉を、まず書きます。

それから「あなたから学びたいことは、まだまだたくさんあります」「困ったときは、また相談に乗ってください」など、今後もお付き合いを続けたいという内容の一言を、必ず入れるようにします。

「お世話になりました」の挨拶は、「これからも、引き続きよろしくお願いします」のニュアンスを込め、明るいムードで伝えましょう。

結びの言葉

◆次にお顔を拝見できる日を心待ちにしています。

◆暑さ（寒さ）も、いつもの笑顔で吹き飛ばしてください。

◆おいしい季節を、たっぷり楽しみましょうね。

◆季節の野菜をたくさんとって、元気にお過ごしください。

◆あなたとご家族の方々が笑顔いっぱいで過ごされることを願って。

◆あなたが活躍されている知らせを聞くのが、今から楽しみです。

◆すべての良きことが、あなたに降り注ぎますように。

◆またお会いできることを楽しみにしています。ご縁に感謝。

最後の言葉は思った以上に印象に残る

手紙文の最後に書く「結びの言葉」をご紹介します。「結びの言葉は定型文でいいかな」と簡単に考えている方も多いと思いますが、それはとてももったいない話です。というのも、人は最後にいわれた言葉が一番印象に残るからです。

たとえばテレビのニュースを伝えるアナウンサーは、伝える内容を考えるときに、最後にどんな言葉をいうかをあらかじめ決めています。温かい気持ちを届ける言葉を選んで、良い印象や余韻を視聴者に残したいからです。

手紙を書く場合も相手を思いやる言葉、物事を明るく楽しくとらえる表現を心がけましょう。

また「寒いので風邪などひかないようにお気をつけください」と書いたりしますが、これは「寒いと風邪をひく」が前提のネガティブな表現。同じ健康でいてほしいことを伝えるなら「寒いけれど温かいものを食べて元気にお過ごしくださいね」と、ポジティブな表現を選びましょう。相手の心がポッと明るくなるように。

ＳＮＳを楽しむためのルール

今どきは、友人や家族とのやりとりはＳＮＳ（ここではＬＩＮＥ、ショートメッセージなどの短い文章を送受信するサービス全般を指します）で、という人も多いのではないでしょうか。ＳＮＳは、リアルタイムで文章のやりとりができる、手紙の超簡略版のようなもの。普段づかいの言葉で楽しめるのがいいところです。

とはいえ、手紙と同じように「相手に明るい気持ちになってもらう」ことが大切ですから、いくつかルールは踏まえておいたほうが良いです。

まず、長すぎる文章は避けたほうがいいでしょう。悩み相談や、どうしても聞いてほしいことなどがあれば、直接会うか、電話で話しましょう。

誤解されそうな、ややこしい話も電話で。急に電話をするのがためらわれるのなら、ＬＩＮＥで「電話していいですか？」と一言、確認をとれば大丈夫です。

ＳＮＳでは無機質な活字が表示されるので、どうしても冷たい印象になりがち。そこで使いたいのがＬＩＮＥなどに搭載されているスタンプ機能です。

Column

飛び上がるほどうれしい気持ちを表すのに、飛び上がっているスタンプを入れると、顔が見えなくても、自分の思いや表情をスタンプが代弁してくれます。

簡潔、明瞭で言葉数が少ないやりとりの場合も、最後には「ありがとう」「またね」「お大事に」などのスタンプを、「結びの言葉」代わりに送りましょう。

好き好きですが、できれば笑顔の、可愛い、明るくはじけるようなスタンプがオススメです。また、たとえば私は名古屋出身なので、地元の友人や家族とは、笑える名古屋弁のスタンプを使って楽しんでいます。

ただ、かといって、スタンプ送信だけで済ませてしまうのはよくありません。スタンプで気持ちを代弁しつつも、相手に伝えたい内容は、文章できちんと入れてください。

もうひとつ大切なのは、送信する前にもう一度、誤字・脱字がないか、主語がちゃんとわかるように表現されているか、ネガティブな言葉を使っていないかなどを確認すること。また、SNSのやりとりは朝九時から夜九時ぐらいまでを目安に。これは電話をするときと同じく、受け取る人へのマナーです。

◆おわりに――後悔しないために今、手紙を

「こんにちは。井垣利英です」

これは私がいつも使う、手紙の書き出しの言葉です。

中学のころから手紙を書くことが好きで、筆マメ生活をずっと続けてきましたから、この言葉をどれだけ使ったかわかりません。その数は、千回をはるかに超えていると思います。

この文例集は、そんな手紙好きの私が心を込めて選んだ言葉の数々をまとめたもので、手紙を書くときの参考にしていただけるよう、できるだけ多くのシーンを想定した文例をご紹介しています。お役に立てたらうれしいです。

誰かに思いを伝えたいとき、私は手紙を書きます。手紙は人と自分をつないでくれる、心のリボンです。出す回数が多ければ多いほど、いろいろな人たちと――縁の深い人とも、初めての方ともつながることができます。

手紙は形あるもの。時間がたっても残るものだからこそ、特別な働きをしてくれ

ます。

実は、手紙について、こんなことがありました。私は高校を卒業したあと、大学浪人をし、地元名古屋で予備校に通っていました。そのときに大変お世話になったのが、司一哉《つかさかずや》先生でした。

現代国語のご担当で、ほとんど本を読まずに成長した私に、本を読むことの大切さ、勉強する価値や楽しさを教えてくれた先生でした。司先生のおかげで文学作品を読み、国語力を磨き、大学にも無事合格できました。

私は三十二歳で起業し、プラス思考、マナー、魅力アップの自分磨きスクールを主催。ありがたいことに、マナーや自分磨きに関連する本を出版できるようになりました。

それもこれも、司先生の教えが原点だと思っている私は、すぐに自分の本を送ろうと思ったのです。しかし残念なことに、先生はすでに予備校を辞められ、消息がわからなくなっていました。

それから数年たって、大阪で開かれている私塾のホームページが見つかりました。

さっそく、私の数冊の著書と「お世話になったお礼」「教えが人生でいかに役立っているか」を書いた手紙をお送りしました。

その数日後に、先生の奥様から分厚い手紙が届いたのです。

「司は昨年、心臓発作で急逝しました。失礼を承知で、あなたからきた手紙を読ませていただきました。

司は生前、井垣さんのマスコミでの活躍も知っていて、とても喜んでいました。本も何冊か家にあります。代ゼミの一番前の席で授業を受けていた姿など、あなたのことを自慢げに話していました。きっとあの世でも、ご活躍を楽しみにしていると思います」

奥様からの手紙を読みながら、涙が止まりませんでした。

手紙は「もの」として残るから、こうして奥様に読んでいただけて、先生の思いを私は知ることができました。ただ、もっと早く、なんとかして連絡先をつきとめて、手紙を出せば良かった……。私の感謝の気持ちを先生に直接お伝えしたかった。こんな後悔を二度としないために、すぐ動くようにしています。

「思い立ったが吉日」。手紙を書こうと思ったら、今すぐ出しましょう。今があなたの気持ちを伝える、そのときなのです。手紙で、輝く未来がひらけますように。

私は二十代のころから松下幸之助さんの本を読み、プラス思考と人間学で人生を救われ、今があります。恩人・幸之助さんが創られたＰＨＰ研究所から本を出す夢をかなえてくれた編集者の前田眞宜さん。長年、私の取材で大信頼しているライターの中西后沙遠さん。一緒に文例を考えてくれた、ピュアなスーパー読書家のシェリロゼ社員の蓮見由佳さん。その他、ご協力いただいたすべての皆さまへ、心からありがとうございました。ご縁に感謝。

令和三年六月二十一日　創業十九周年記念の日に　井垣利英

〈著者略歴〉

井垣利英（いがき・としえ）

株式会社シェリロゼ代表取締役、人材教育家、メンタルトレーナー、マナー講師。

名古屋生まれ、東京在住。中央大学法学部卒業。

女性が多く働く全国の企業で、社員研修、講演会を年間100本以上行う。やる気とマナーを上げる日本で唯一の専門家。企業のイメージアップ戦略、ブランディングのアドバイスなども行う。

2002年に株式会社シェリロゼを起業して約20年、これまで3,000人以上の自分磨きスクール受講生の人生を好転させた。

テレビ出演、新聞、雑誌などの取材は多数。著書に、13万部を突破した『しぐさのマナーとコツ』（学研）、『開運 #年中行事はじめました』（致知出版社）などがある。

モットーは、関わるすべての人たちと一緒に、やり甲斐のある楽しいホットな仕事現場にすること。「仕事が楽しい」「前向きになれた」「自信が出てきた」と、ひとりでも多くの人にいっていただけるように。

【シェリロゼ】https://www.c-roses.co.jp/
【井垣利英 note】https://note.com/igaki_toshie
【Instagram】https://www.instagram.com/igaki_toshie/

装幀　村田 隆（bluestone）
装幀イラスト　黒岩多貴子（イラストレーションチェック）
本文イラスト　井上コトリ
組版・本文デザイン　朝日メディアインターナショナル株式会社
編集協力　中西后沙遠、蓮見由佳（株式会社シェリロゼ）

「育ちのいい人」が使っている 添えるだけの１行文

2021年7月27日　第１版第１刷発行

著　者　井垣利英
発行者　櫛原吉男
発行所　株式会社ＰＨＰ研究所
京都本部　〒601-8411　京都市南区西九条北ノ内町11
教育出版部　☎075-681-8732（編集）
家庭教育普及部　☎075-681-8554（販売）
東京本部　〒135-8137　江東区豊洲5-6-52
普及部　☎03-3520-9630（販売）
PHP INTERFACE　https://www.php.co.jp/
印刷所
製本所　図書印刷株式会社

ISBN978-4-569-84980-5